KB214500

박시백의 일제강점사 35년

2

박 시 백 의 일 제 강 점 사

2

1916——1920

3·1혁명과 임시정부

임진왜란이 발발하고 일본군이 파죽지세로 북상해오자 선조는 도성을 버리고 피난길에 올랐다. 평양을 거쳐 의주에 다다른 선조는 압록강을 건너 요동으로 망명하고 싶어 안달하는 모습을 보였다. 그런데 이순신 장군과 의병들의 분전, 그리고 명나라의 원군 파병으로 전세가 뒤바뀌더니 결국 일본군이 물러났다. 제 한 몸 살기에 급급한 모습을 보였던 선조는 왕으로서의 권위와 체면을 되살리기 위해 꼼수를 냈다. 일본군을 패퇴시킨 것은 오로지 명나라 군대의 힘이요, 조선의 군대가 한 일은 거의 없다고 임진왜란의 성격을 규정한 것이다. 그 결과 일본군에 맞서 싸운 장수들보다 명나라에 가서 구원병을 요청한 신하들의 공이 더 높아지게 되었다. 선조를 호종해 의주까지 피난했던 신하들이다. 자신을 호종한 신하들의 공이 높아지니 그 중심인 선조 역시 더 이상 부끄러워하지 않게 됐다.

어려서 비슷한 이야기를 들은 적이 있다. 8·15 해방은 오로지 미군의 덕이요, 원자폭탄 덕이지 우리가 한 일은 아무것도 없었다는…. 선조처럼 공식화하지는 않았지만 선조와 비슷한 처지에 놓이게 된 누군가가 그런 이야기를 만들고 널리 퍼뜨린 것이라고 짐작해볼 수 있다.

결론부터 말한다면 일제 강점 35년의 역사는 부단한, 그리고 치열한 항일투쟁의 역사다. 비록 독립을 가져온 결정적 동인이 일본군에 대한 연합군의 승리임을 부정할 순 없지만 그렇다고 우리가 한 일은 아무것도 없다는 식의 설명은 무지 혹은 의도적 왜곡이다. 자학이다. 우리 선조들은 한 세대가 훌쩍 넘는 35년이란 긴 세월 동안 줄기차게 싸웠다. 나라를 되찾기 위해 기꺼이 국경을 넘었고 필요한 곳이라면 어디든 갔다. 삼원보, 룽징, 블라디보스토크, 이르쿠츠크, 모스크바, 베이징, 상하이, 샌프란시스코, 호놀룰루, 워싱턴, 파리…. 총을 들었고, 폭탄을 던졌으며, 대중을 조직하고 각성시켰다. 그 어떤 고난도, 죽음까지도 기꺼이 감수했다. 그들이 있어서 일제 식민지 35년은 단지 치욕의 역사가 아니라 자랑스러움을 간직한 역사가 되었다.

시대의 요구 앞에 고개를 돌리지 않고 응답했던 사람들, 그들의 정신, 그들의 투쟁을 우리는 기억해야 한다. 그것이 모든 것을 내던지고 나라를 위해 싸웠던 선열들에 대한 최소한의 도리이리라. 마찬가지로 우리는 나라를 팔고 민족을 배반한 이들도 기억해야 한다. 일제에 협력한 대가로 그들은 일신의 부귀와 영화를 누렸고 집안을 일으켰다. 나아가 해방 후에도 단죄되지 않고 살아남아 우리 사회의 주류를 형성했다. 그뿐인가, 민족교육인이니 민족언론인이니 현대문학의 거장이니 하는 명예까지 차지했다. 이건 좀 아니지 않나? 독립운동가는 독립운동가로, 친일부역자는 친일부역자로 제 위치에 자리 잡게 해야 한다.

이 책은 일제 경찰의 취조 자료나 재판 기록, 당시의 신문 같은 1차 사료를 연구하여 나온 결과물이 아니라 기존의 연구 성과들을 요약, 배치, 정리하여 만화라는 양식으로 표현한 대중서다. 주로 단행본으로 출간된 책들을 참고로 했고,

《친일인명사전》(친일인명사전편찬위원회)과 독립기념관 한국독립운동정보시스템 자료인 《한국독립운동의 역사》(한국독립운동사편찬위원회) 60권을 기본 텍스트로 삼았다. 그 밖에도 한국민족문화대백과, 우리역사넷을 비롯해 인터넷 자료의 도움을 많이 받았다. 공부도 부족했지만 공부하는 방법도 미숙해 담아내야 할 내용을 제대로 담아냈는지 걱정이 앞선다. 이후 독자 여러분과 전문가들의 지적을 받아가며 오류를 수정하고 부족한 부분을 채워나갈 생각이다.

한상준 대표와 편집자, 디자이너 등 비아북 출판사 관계자 외에도 일선에서 역사 교사로 재직 중이신 차경호, 남동현, 정윤택, 박래훈, 김종민, 박건형, 문인식, 오진욱, 김정현 선생님 등 아홉 분의 선생님들이 본문 교정과 인물 및 연표 정리 등으로 큰 도움을 주셔서 이 책이 나올 수 있었다.

가급적 더 많은 독립운동가들과 친일부역자들을 알려야 한다는 사명감이 책의 내용을 딱딱하게 만든 듯도 싶다. 독자들의 양해를 바라며 부디 이 책이 일제강점 35년사와 그 시대를 살았던 사람들을 바로 알리는 데 작은 보탬이 되었으면 한다.

2017년 12월

《35년》1권을 출간한 지 7년 만에 개정판을 출간한다.《한국독립운동의 역사》,
《친일인명사전》등의 참고문헌과 '독립운동인명사전', '한국역대인물 종합정보시
스템' 등 국가기관에서 제공하는 데이터를 기반으로 최대한 오류를 잡기 위해 노
력하였고, 현직 역사 교사 9명이 편집위원으로 참여해 교정 작업을 진행했지만
가벼운 오탈자부터 인명, 생몰 연대 등에서 몇 가지 오류가 있었다. 그림 고증의
오류 또한 더러 있어 개정판에서 바로잡았다. 아울러 오랫동안 보관하고 읽을 수
있도록 파손이 적고 소장가치가 있는 양장본으로 바꿨다.

최근 들어 일제강점사와 관련된 논란들이 뜨겁다. 책임 있는 자리에 있는 이들
이 공공연히 일제강점사를 긍정하거나 사상의 덧칠을 하여 독립운동가들을 폄훼
하는 일들이 벌어지고 있다. 후손으로서 바른 역사 인식이 어느 때보다도 중요하
게 부각되는 오늘, 이 책이 작은 도움이 되기를 바란다.

2024년 9월

박시백

2 | 1916 ─── 1920

3 · 1 혁 명 과 임 시 정 부

러시아혁명 : 연설하는 레닌

1917년 볼셰비키 지도자 레닌은 세계 최초의
사회주의 혁명을 성공시켰다. 그리고 피압박민족과
식민지들의 민족해방투쟁을 지지한다고 선언했다.

상트페테르부르크

파리

파리강화회의

제1차 세계대전 후
제국주의 열강은 파리에 모여
강화회의를 진행했다.
미국 대통령 윌슨이 제창한
민족자결주의 원칙은
식민지 민족들에게
큰 반향을 일으켰다.

우리는	1916	원불교 창시	1917	대동단결선언 발표	1918
세계는		위안스카이 사망		러시아혁명	

프롤로그

1910년대 후반,
세계는

베이징

5·4운동
제1차 세계대전 중 일본이 강요한 21개조 요구가
파리강화회의에서 인정되자 중국 민중들은 분노하여
반군벌, 반제국주의 운동인 5·4운동을 일으켰다.

신한청년당 결성	1919	대한광복군 정부 수립	1920	대한광복회 조직
제1차 세계대전 종결		제1차 세계대전 발발		21개조 조인

대전(Great War)은 프랑스 영역의 서부전선, 독일, 오스트리아와 러시아 간의 동부전선, 발칸반도, 오스만제국 영역의 중동전선 등지에서 전개되었다.

이 중에서도 그 특징을 잘 드러내주는 전선은 서부전선이다. 철조망과

개량된 포, 기관총은 평원에서의 진격을 어렵게 했고

일러두기

❖ 대사의 경우 현장감을 살리기 위해 외래어표기법이나 표준어에서 예외적으로 표기된 경우가 있다.

❖ 연도의 경우 대부분 《한국독립운동의 역사》(한국독립운동사편찬위원회) 제60권 《한국독립운동사 연표》를 기준으로 표기했다.

결국 지리한 일진일퇴의 참호전을 이어가게 했다.

이런 교착상태를 타개하기 위해 각국은 무기 개발에 열을 올렸다. 기관총 개량이 경쟁적으로 이루어졌고

전차가 만들어져 투입되었다.

비행기가 전쟁 무기로 활용되기 시작했고

독가스도 개발되어 사용되었다.

이전의 전쟁들과는 비교할 수 없을 정도의 사상자를 낳으면서도

전선은 고착된 채 전쟁의 끝은 요원해 보였다.

전쟁 3년째인 1917년, 전쟁의 흐름을 크게 바꾸는 두 가지 일이 발생한다.

1917

이때까지 강국의 표상은 강한 해군이었다.

영국은 주력함 경쟁을 주도하며 세계 최강의 해군력을 자랑하고 있었다.

이에 독일이 내놓은 대안이 잠수함 유보트(U-boat).

독일이 연합국 측의 군수물자 차단을 위해 무제한 잠수함 작전을 펴자

미국 선박들이 피해를 입게 된다.

여기에 더하여

독일이 멕시코에게 보낸 전문이 해독되면서

함께 일본을 끌어들여 미국을 공격하자. 그러면 미국에 빼앗긴 텍사스, 뉴멕시코, 애리조나를 되찾을 수 있게 해줄게.

웬만하면 참전하지 않으려 했는데 더 이상은 어쩔 수가 없군.

고립주의를 내걸고 잠자던 강자 미국이 마침내 대전에 뛰어들게 된다(1917년 4월).

당시 미국의 모병 포스터입니다.

I WANT YOU FOR U.S. ARMY
NEAREST RECRUITING STATION

유럽의 강국들이 몇 년째 대전에 휘말려 곤란을 겪는 사이

멀리 떨어진 미국은 이들에게 군수품과 생필품을 수출하여 전례 없는 호황을 구가했다.

그만큼 체력이 좋아졌단 얘기.

미국의 연합국 합세로 힘의 균형은 크게 기울어진다.

쿵

그러나 연합국 측에서도 중대한 결손이 발생하는데, 러시아혁명이다.

계속된 전쟁에 지친 민중이 시위를 벌이고

노동자들은 파업으로 함께했다.

여기에 시위 진압에 나섰던 병사들까지 합세하면서

마침내 황제 권력이 무너진다(2월혁명).

그리고 부르주아와 사회주의자의 연합 정권인 케렌스키 임시정부가 출범했는데

민중의 기대에 부응하지 못했다.

진작부터 전쟁 반대를 주장해온 사회주의 혁명가 레닌이

오랜 망명 생활을 접고 귀국한다.

돌아온 볼셰비키 지도자 레닌은 외쳤다.

부르주아 정부는 필요 없다. 우리에겐 우리의 정부, 노농소비에트면 된다.

전쟁 중단과 평화! 토지 분배의 꿈은 오직 소비에트만이 이룰 수 있다.

볼셰비키는 러시아사회민주노동당 내에서 레닌의 적극적 혁명 주장을 지지하는 세력으로 처음엔 다수파를 의미하는 말이었습니다.

소수파는 멘셰비키.

소비에트는 1905년 혁명 과정에 자발적으로 생겨난 노동자, 농민 병사의 대표기관.

사회주의 진영 내에서조차 그의 주장은 다수의 동의를 얻지 못했는데

마르크스 선생께서 말씀하셨지,

자본주의 체제엔 부르주아 정부!

자본주의가 충분히 숙성하면 부르주아 정부를 무너뜨리고 프롤레타리아트 정부를!

그런데 이제 자본주의 체제가 막 걸음마를 하려는 게 러시아의 현실인데, 뭐 당장 프롤레타리아트 정부를 세우자고? 미친 거 아냐?

미친 게 아니라면 레닌 그 자는 마르크스주의자도 아니지.

민중의 지지는 레닌에게로 모아졌다.

레닌! 레닌!

임시정부 타도!

마침내 레닌의 주장대로 볼셰비키와 민중은 일제 봉기를 통해 정부를 장악했다(10월혁명).

와

이제 모든 권력은 소비에트로 넘어왔다!

와

그렇게 최초의 사회주의 정부가 출범했다.

최우선 과제는 전쟁 중단.

혁명정부는 독일을 위시한 동맹국들과 협상에 임했고 동맹국 측의 요구는 가혹했다.

연합국에서 탈퇴할 것.

우크라이나 독립 인정.

발트 3국 포기.

배상금 60억 마르크.

레닌이 받아들이면서

전쟁 반대가 노동자, 농민, 병사 들과의 약속이었기 때문이기도 하지만 신생 정부를 지켜야 하겠기에.

러시아는 대전에서 발을 뺀다. 동부전선은 그렇게 정리되었다.

가자 집으로♪

그런데 혁명정부는 또 다른 난제와 마주한다.

뭔 소린가?

뻥~ 뻥~

그게… 각지에서 반란이…

사회주의 혁명으로 피해를 입은 귀족, 지주, 자본가 등 구세력이 각지에서 백군을 조직해 혁명정부에 맞선 것.

막강한 전투력을 자랑했던 체코군단도 반군 편에 섰다.

타도 볼셰비키!

우리는 동맹국 군에 징집돼 전장에 나섰다가 탈출했거나 포로로 잡힌 체코 출신들로 구성됐지.

체코 독립을 위해 러시아를 위시한 연합군 편에서 싸웠다네.

이들이 반군 편에 서게 된 배경을 보면 이 시기 러시아 혁명정부의 고민이 고스란히 드러난다.

전쟁에 발을 뗀 우리로선 저들 체코군단을 고향으로 돌려보내야 하는데 서쪽으로 돌려보내는 건 위험해. 동맹국이나 연합국 어느 쪽에 가담해도 골치야.

고민 끝에 먼길을 돌아 돌려보내기로 결정한다. 그렇게 수만의 체코군단은 시베리아 횡단철도에 올랐다.

가까운 길

저 가까운 길을 두고 이 무슨 고생이람?

뭐 고향으로 돌아갈 수만 있다면…

그런데 반란이 곳곳에서 터져 나오자 러시아 정부는 새로운 고민에 휩싸인다.

무장한 저들이 반군 편에 합세하게 되면 더 큰 문제!

…무장해제를 시켜야 돼!

그렇게 무장해제 결정이 내려지자 체코군단이 거부하고 반기를 든 것. 체코군단은 열차의 무장을 강화하고 볼셰비키 적군과 싸워가며 블라디보스토크로 향했다.

덤빌 테면 덤벼!

덜컹 덜컹 덜컹

러시아혁명을 못마땅한 눈으로 바라보던 영국, 프랑스, 미국 등 열강은 체코군단 구출을 구실로 간섭군을 보내 반군을 응원한다.

영국·프랑스 등은 유럽 전선에 신경쓰느라 얼마 오지 못했고 우리가 많이 왔지. 1만 3,000명이나.

특히 일본은 7만 명의 대부대를 파견해 연해주와
동부 시베리아 지역을 점령한 채 반군을 후원한다.

시베리아
동쪽에 우리
말을 잘 들을
괴뢰정부를
세우는 게
목표!

점령지

그렇게 러시아 전역은 혁명과 반혁명 간의
내전 상태로 들어갔다.

일본의 21개조 요구를 수용한
위안스카이는 오매불망 그리던
황제의 자리에 올랐다.

그러나 격앙된 민심과

나라를 팔아넘긴
매국노 위안스카이를

지방군의 봉기로

타도하자!

83일 만에 황제의 자리에서
내려와야 했고

화병을 얻은 탓인지
석 달 뒤 세상을 뜬다.

위안스카이가 사라지자
군벌들이 부상했다. 동북의 장쭤린,
북양군벌의 돤치루이, 펑궈장 등이

이합집산하며 베이징 정부를 장악하려 애썼다.

꽤 오랫 동안 나 돤치루이가 No. 1이었지.

남부에선 쑨원이 비상 회의를 열 것을 전국의 국회의원들에게 호소했고

그 결과 전체의 3분의 1에 해당하는 120여 명의 국회의원이 광둥에 모여 군정부 구성을 결의했다.

····비상회의

대원수에 쑨원, 원수에 탕지야오, 루룽팅.

그러나 탕지야오나 루룽팅 등이 자파 세력 확장에만 골몰하는 것을 본 쑨원은 광둥을 떠나버린다.

남이나 북이나 군벌들은 국가와 혁명엔 관심 없고 권력투쟁밖에 모른다.

중국은 그렇게 군벌 할거 시대로 접어든다.

장쭤린
돤치루이
옌시산
우페이푸
펑궈장
탕지야오
루룽팅 천중밍

이 구역은

내가 왕이닷!

일본은 대전을 통해 톡톡히 재미를 봤다.

산둥반도 먹고 남양군도 접수하고 ㅎㅎ

그리고 경제적으로도 실속을 단단히 챙겼지.

유럽의 대전에 가담한 국가들이 손을 놓은 사이 해외시장을 넓히고

경쟁국들이 없으니 시장 점유율이 급속히 확대됐지. 미국에 이어 세계 제2위로.

연합국 측에 군수품, 생필품을 팔아 호황을 누렸다.

덕분에 벼락부자들이 속출했고

대전 전 11억엔 채무국에서 28억엔 채권국으로 신세가 바뀌었거든.

그러나 시베리아 출병이 기대에 미치지 못하고

여러 곳을 점령은 했는데 적군과 빨치산의 저항이 너무 거세서 쉽지 않네.

일본 내에서 데모크라시 풍조가 거세지면서 군부의 위세도 떨어진다.

여기에 쌀 매점매석으로 인한 군중의 분노가 폭동으로 변하면서

책임을 통감한 대륙 진출론자이자 조슈 군벌의 핵심 데라우치 내각이 무너지고

평민 출신의 하라 다카시가 총리에 올라 최초의 정당내각이 출범한다 (1918년 9월).

러시아가 연합국 진영에서
이탈하긴 했지만

미국의 참전으로 인해 대전은 급속히 연합국 측 우세로
바뀌었다.

와우!
엄청 세네!

1918년 9월, 불가리아가
항복하고 이어 오스만제국,

오스트리아 · 헝가리제국이
연합국에 항복했다.

오스트리아가 항복한 날
독일선 해군 폭동이 일어나는데

출정거부! 와
전쟁중단!

각지에서 노동자들의 파업이 뒤이어 혁명으로 발전했다.

황제가 제위를 포기하고 네덜란드로
망명했다.

독일은 공화정으로 바뀌고

이 시대를 바이마르 공화국이라 부르는데, 우리가 만든 바이마르 헌법은 이 시기 가장 선진적인 헌법으로 평가받지.

헌법 제1조: 독일국은 공화국이다. 국가 권력은 국민으로부터 나온다.

연합국과 휴전을 맺게 되었다 (1918년 11월).

콩피에뉴 숲에서 휴전협정을 맺을 때의 사진 ↳

이리하여 5년에 걸쳐 1,000만의 병사와 수백만 민간인의 목숨을 앗아간 대전, 유럽대전, 제1차 세계대전은 끝이 났다.

그리고 전후 처리를 위해 파리에서 강화회의가 열리기로 약속되었다. 전쟁 당사국 민중들은 물론

20세기는 좀 달라질 줄 알았더니 더 참혹한 전쟁과 죽음의 시대가…

이젠 정말 전쟁이 끝난 거겠지. 평화와 이성의 시대가 오려나?

세계의 피압박 식민지 민중들도 파리강화회의를, 그리고 그 이후 펼쳐질 새로운 시대를 기대에 찬 눈으로 지켜보게 된다.

제국주의, 전쟁, 식민주의, 억압과 착취의 시대는 가고

인도주의, 평화, 독립, 해방의 시대가 오기를…

제발~

파리강화회의 의장인 조르주 클레망소 프랑스 총리(왼쪽)와
우드로 윌슨 미국 대통령. 윌슨 대통령은 국제 문제를
풀어나갈 원칙으로 14조항을 제시했다. 여기에서 각 민족은
정치적 운명을 스스로 결정할 권리가 있으며,
다른 민족의 간섭을 받을 수 없다는 민족자결주의를 주장했다.

한인사회당

이동휘는 러시아혁명의 성공과 이념이
국권 회복을 위해 필요하다고 생각했고,
1918년 소련 하바롭스크에서 최초의 사회주의
정당을 창설했다.

블라디보스토크

신한청년당

1918년 여운형 등은
상하이에서 신한청년당을
조직하고 파리강화회의에
독립청원서를 전달하기 위해
김규식(앞줄 맨 오른쪽)을
파견했다.

상하이

우리는		원불교 창시		대동단결선언 발표	
세계는	**1916**	위안스카이 사망	**1917**	러시아혁명	**1918**

제1장

독립을 향한 꿈

1915년 이후 국내외 독립운동 진영은 크게 위축되고,
러시아에 볼셰비키 정권이 들어서면서 이동휘 등은 1918년 한인사회당을 조직한다.
윌슨의 민족자결주의와 파리강화회의 소식은
독립운동가들에게 독립에 대한 희망을 안겨주었고
이들은 상하이, 만주, 국내, 미국 등 각지에서 기민한 움직임을 보인다.

도쿄

2·8 독립선언

파리강화회의와 윌슨의 민족자결주의에
고무된 600명의 도쿄 유학생들이
1919년 2월 8일 도쿄 YMCA회관에 모여
독립을 선언했다.

신한청년당 결성		대한광복군 정부 수립		대한광복회 조직
	1919		**1920**	
제1차 세계대전 종결		제1차 세계대전 발발		21개조 조인

민족운동의 약화와 러시아의 정세

제1차 세계대전이 진행되고 있던 시기 국내의 상황을 보자. 의병운동은 이미 자취를 감추었고

비밀결사 단체였던 대한광복회나 조선국민회도 적발, 해체되었다.

총독부로선 식민 통치의 안정화가 상당히 이루어진 것으로 판단할 만했다.

당연한 결과! 우리의 막강한 힘에 맞서서 그 정도 한 것도 꽤 한 거야.

제1대 총독이었던 데라우치는 총리가 되어 본국으로 돌아갔고

훗~ 조선을 잘 통치한 데 따른 영전이랄까?

하세가와 요시미치가 제2대 총독으로 들어왔다. 조슈번 출신의 육군 대장으로 정치군인보다는 야전군인.

어떻게 통치할 거냐고?

데라우치 선배처럼 하면되겠지.

총검과 채찍으로!

그렇게 국내 민족운동 역량은 크게 약화돼 보였다.

이미 다 정리돼서 총검이나 채찍을 쓸 일도 없겠네.

해외의 사정도 다르지 않았다.

만주의 독립운동가들은 군벌 당국의 탄압으로 움츠러들었고

러시아에서도 당국의 탄압으로 활동을 이어갈 수 없었다.

미국의 민족운동 진영도 잠잠해졌다.

미국이 일본과 붙을 줄 알았는데

같은 연합국 진영이 돼버렸으니 ...

신한혁명당 활동의 실패를 경험했던 중국의 독립운동가들은 1917년 다시 모여 대동보국단을 조직했다.

大同輔國團

신규식   박은식   신채호   조소앙…

대동보국단은 '대동단결선언'을 발표한다.

… 융희 황제가 삼보三寶를 포기한 8월 29일은 즉 오인吾人 동지가 삼보를 계승한 8월 29일이니
… 오인 동지난 완전한 상속자니 제권帝權 소멸의 시時가 즉 민권民權 발생의 시時오
구한舊韓 최후의 일일一日은 신한新韓 최초의 일일이니 하이고何以故오.
아한我韓은 무시이래無時以來로 한인韓人의 한韓이오 비한인의 한이 아니라
한인 간의 주권 수수授受난 역사상 불문법의 국헌이오
비한인에게 주권 양여讓與난 근본적 무효無效오 한국 민성民性이 절대 불허하난 바이라.
고로 경술년 융희 황제의 주권 포기난 즉 아 국민 동지에 대한 묵시적 선위禪位니
아我 동지난 당연히 삼보를 계승하야 통치할 특권이 있고 대통大統을 상속할 의무가 유有하도다.
고로 이천만의 생령과 삼천리의 구강舊疆과 사천 년의 주권은
오인 동지가 상속하였고 상속하난 중이오 상속할 터이니
오인 동지난 차에 대하야 불가분의 무산 책임이 중대하도다.

대동단결선언의 표지와 선언 내용

이어 7개 강령을 내세웠는데
해외 한인 기관들을 통일한
최고 기관, 즉 임시정부를
조직할 것을 주창했다.

국민주권을 명확히 한
이 선언은 세계 각지의
한인 독립운동가들에게 발송돼
찬동 여부를 물었지만
호응은 별로 없었다.

같은 해 러시아혁명으로
볼셰비키 정권이 서면서

러시아령 민족운동 진영은
숨가쁜 대응을 해야 했다.

황제 체제가
무너진 지 몇 달 만에
볼셰비키 정부가…

반제국주의
정부란 말이지?

이보다 앞서 1917년 3월,
니콜리스크에서 이상설이 죽었다.

충북 진천 출신의 이상설은
일찌감치 주위의 기대를
한몸에 받았다.

가히
율곡의 뒤를
이을 인물!

문과에 급제한 뒤
신학문을 했고
영어, 프랑스어도 익혔다.

학부협판, 법부협판 등을 역임했던 그는

나라가 외교권을 빼앗기자 이동녕, 정순만과
북간도로 망명해 서전서숙을 세웠다.

瑞甸書塾

1907년 헤이그평화회의에 고종의 밀사로 참석해
일본의 외교권 강탈을 규탄했다.

그 일로 궐석재판에서
사형을 선고받았는데

미국을 거쳐 연해주로 들어가
한흥동을 건설했다.

유인석, 이범윤을 앞세워
십삼도의군을 편성했고

성명회, 권업회 창설의 주역이었으며

1914년엔 대한광복군 정부를 조직해
정통령에 선임되었다.

대통령 이상설
부통령 이동휘
제1관구 연해주
제2관구 북간도
제3관구 서간도

1915년엔 신한혁명당에 참여해
본부장으로 선출되었다.

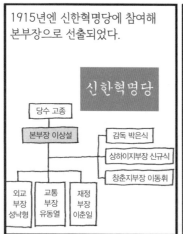

이렇듯 만주, 연해주 일대의 독립운동가들 가운데
단연 명망이 우뚝했던 그였다.

이상설이 세상을 뜰 무렵, 연해주에서도 2월혁명의 결과로 제정이 무너지고 케렌스키 임시정부가 보낸 전권위원이 통치권을 확보했다.

여기도 중앙정부와 마찬가지로 이중권력 상태. 우리는 부유층 중심의 사회보안위원회와 손잡았지.

흥!

연해주 지역 한인들은 변화를 실감했고 새롭게 열린 공간을 적극 활용한다.

황제 권력 시절엔 활동이 어려웠는데

혁명 성공 후엔 공기부터 달라. 뭔가 해야지.

최재형, 문창범 등의 주도로

한인 사회 단결을 위한 대회가 1917년 5월 우수리스크에서 열렸다. 100명에 가까운 한인 대표들이 참가했는데 3분의 2가 원호였다.

원호란 귀화한 한인들로,

대부분 생활이 넉넉했지. 러시아 정부가 우리 원호들에게 4만 9,000평씩 무상으로 땅을 불하해줬거든.

귀화하지 않은 우리는 여호라 불렸다네.

대부분 땅이 없으니 소작을 부치거나 노동을 했지.

원호와 여호 들은 러시아 정부를 대하는 입장에서나 조직의 지향점에 대한 인식이 서로 달랐다.

케렌스키 임시정부 지지. 조직은 한인들의 자치 기관으로!

노농소비에트 지지, 조직은 항일 투쟁의 지도 기관으로!

대회는 다수파인 원호들 중심으로 흘러갔고,

자치 강화!

옳소!!

급기야 여호들에겐 아예 의결권을 주지 않는다는 결정이 내려졌다.

여호들에겐 의결권을 주지 않는다는 제안은 3분의 2의 찬성으로 가결되었음을 선포합니다.

땅땅땅

당연~

이게 무슨 전로한족회의야 원호회의지?

의결권도 없이 이 자리에 앉아 있어서 뭐해?

결국 여호 대표들과 원호들 중에서도 소비에트를 지지하는 일부들은 퇴장해버린 가운데

그래, 가라, 가.

어차피 여호들이 조직에 끼게되면 일제에게 간섭의 빌미나 되지.

대회가 진행되어 전로한족회 중앙총회를 구성하게 된다.

우리는 귀화한인들의 자치 실현을 위한 중앙 기관으로서 …

케렌스키 임시정부에 대한 지지를 밝히는 한편,

축전도 보내고 정부 정책들에 대해서도 지지를 …

기관지로 한글 신문인 〈청구신보〉를 발행했다.

대회를 퇴장한 세력들도 가만있지 않았다.

저들과는 확연히 다른 우리의 목소리를 전파해야.

그러려면 역시 신문이!

1917년 7월,
블라디보스토크에서
〈한인신보〉를 창간했고

항일과 소비에트 지지를 표방하며
세력을 키워나갔다.

이들 〈한인신보〉 그룹의
주도 세력은 이동휘와 오래도록
고락을 함께해온 이들.

독일 스파이 혐의로 갇혀 있는
이동휘 석방운동에도 힘을 쏟았다.

석방운동에 더해 러시아 10월혁명이 성공하면서
이동휘가 석방되고

힘을 얻은 그들은

1918년 1월 하바롭스크에서
한국인대표자회의를 소집한다는
발기문을 발표했다.

한인사회당

함경도 단천 출신의 이동휘는 일찍이 한성무관학교를 나온 대한제국 장교였다.

강화도 진위대장으로 있으면서 기독교와 개화사상을 받아들였다.

나라를 부강하게 만들려면 서양 문명을 받아들여야 하고 서양 문명으로의 통로는 기독교가!

군직을 사임한 뒤엔 본격 계몽운동의 길에 뛰어들었다. 강화도의 보창학교를 비롯한 여러 학교를 세우고

각지를 돌며 선교 활동을 하거나 강연을 통해 애국계몽사상을 퍼뜨렸다.

신민회에도 적극 참여했다.

헤이그밀사사건과 관련해
투옥되기도 했고

신민회 사건과 관련해선
유배되었던 그는

본격적인 독립운동을 위해
북간도로 망명한다.

북간도와 연해주를 오가며

권업회, 대한광복군 정부에
참여했으며

대통령 이상설
부통령 이동휘

무관학교를 세워 독립 전쟁을 이끌
간부들을 길러내고자 힘썼다.

어느덧 북간도, 연해주 일대에서 그의 명성은
이상설에 버금갈 만큼 자자했다.

강력한
독립전쟁론자!

지도력,
실천력!

이동휘!

이동휘!

1917년 봄, 그는 독일 스파이 혐의로
체포되어 투옥된다.

아마 그 이전부터도
사회주의에 대한 정보들은
제법 접했을 것이다.

마르크스,
엥겔스...

볼셰비키,
멘셰비키

레닌...

하지만 그가 제대로 사회주의를
알게 된 것은 이때부터로 보인다.
감옥에서 볼셰비키 혁명가를 만나고

사회주의 이론서를
접하게 된 것이다.

아!

그리고 들려온 10월혁명과 볼셰비키 정권 소식.

노동자, 농민의
소비에트 정권이!

그리고 레닌은
일관되게 제국주의
전쟁을 반대하고
피압박 민족과
식민지의
민족해방 투쟁을
지지한다....

국권 회복을 위해 필요하다고 여겨
기독교를 수용했던 그가 이제는 같은 이유로
기독교를 버리고 사회주의 사상을 선택했다.

조선이 가야할 길은
사회주의에 있다.
볼셰비키 정부와
손잡고 일본제국주의와
싸워 민족을 해방하고
사회주의 혁명도
이룩하자.

그와 함께 독립 전쟁을 꿈꾸며 싸워왔던
바깥의 동료들도 크게 다르지 않았다.

노농소비에트야말로
우리가 연대해야 할
대상이고 장차
조선에 세워야 할
권력 형태.

사회주의,
공산주의가
답이야.

이동휘와 〈한인신보〉 그룹이 발기한
한국인대표자회의에 전로한족회
중앙총회 측은 처음엔 냉담했다.

이미
전로한족회
중앙총회가
세워졌는데
뭐 하자는 거야?

우린
참석하지
않을 테다.

그러나 명분이 밀리는 데다

원호, 여호 구분 말고 고려인은 단결하자!

변화된 정세로 인해

연해주에도 볼셰비키 정부가…

참석을 결정했다.

그렇게 해서 1918년 1월 하바롭스크에선 양측이 함께하는 아령한인대표자회의가 열릴 수 있었다.

한족회는 러시아 내에 있는 한인으로 조직되며 국적의 구별없이 대동단결한다!

통합된 전로한족회 소재지는 종전대로 니콜스크우수리스크에 둔다!

러시아는 아라사 혹은 노서아로 불렸습니다.

그래서 러시아 영토도 아령, 노령으로.

회장은 문창범이 그대로 맡고 부회장은 〈한인신보〉 그룹 인사인 김립과 김주프로프가 맡기로 했다.

그런데 정세가 또다시 요동칠 움직임을 보였다. 일본군 대부대가 블라디보스토크에 상륙한 것이다.

짝 짝 짝 짝 짝

안 되겠어. 볼셰비키 정부와 행보를 같이할 사회주의 정당이 있어야겠어.

1917년 12월
볼셰비키가 극동 지역을 장악했을 때

한인 사회주의자들도 참가했더랬다.

그중 김알렉산드라는
외무인민위원을

박애는 서기장을 맡고 있었다.

이동휘는 그들과 당건설 문제를
의논했다.

일본군의 지원을 등에 업은 백위군이
발호하기 시작하는 것을 보며

적군 박살!
볼셰비키 정권타도.!!

이동휘와 김알렉산드라는 해외망명자회의를 소집했다.

어서들
오십시오.

해외망명자대회

하바롭스크에서 열린 회의엔 만주, 러시아의 독립운동가들이 참가했는데
양기탁, 유동열, 이동녕, 안공근, 안정근 등
신민회 출신이 다수였다.

논의할 문제는
한국인 반일 부대를
조직하는 문제입니다.
또 한 가지는
볼셰비키 혁명에 대한
우리의 태도를
분명히 하는 문제입니다.

반일 부대 조직 문제엔
이견이 없었지만

찬성입니다!

러시아혁명에 대한 태도 문제는 엇갈렸다.

볼셰비키 정부는
세계 피압박 민족들의
해방 투쟁에 연대하고
후원을 천명하고 있소.

그렇긴 하지만
나의 생각은 다르오.
소비에트 정부로부터
후원을 받는 건 좋지만
적극 지지는 곤란하오.

그렇소. 우리는
한국의 독립을 위해
싸우는 사람들이지
볼셰비키가 아니오.

옳소이다.
거기다 백위군의
위세가 날로
커져가고 있어서
볼셰비키의 성공
여부를 장담할 수
없게 되었소.

그렇기 때문에
더더욱 볼셰비키와
힘을 합쳐 반혁명을
물리쳐야 하질
않겠소.

그건 좀
아니잖소?

회의는 분열했다. 옛 신민회 세력의 좌우 분열이다.

이에 이동휘 등은 1918년 5월 한인사회당을 조직한다.

한국 최초의 사회주의 정당이고 심지어 아시아 최초의 사회주의 정당.

한인사회당

혁명적 민족주의 진영에서 자연스럽게 사회주의 세력이 분립해가는 신호탄.

하바롭스크에 본부를 둔 극동공화국 정부 수반인 크라스노쇼코프,

그의 후원 아래 이동휘를 위원장으로 하고 오바실리(부위원장), 유동열(군사부장), 김립(선전부장), 김알렉산드라 등이 간부진을 구성했다.

유동열을 책임자로 하바롭스크에 한국인 사관학교를 설립해 한인적위병 부대를 조직했다.

선전부장 김립의 주관 아래 한글 잡지 〈자유종〉을 비롯한 민족문화 관련 출판 사업이 이루어지고 중학교도 설립되었다.

고려역사

고려지리

공산당선언

한인사회당이 창당되고 50여 일이 지나 우수리스크에선 전로한족회 헌정회의가 한인 대표 128명이 참가한 가운데 열렸다.

극동공화국 수반인 크라스노쇼코프가 축하 연설을 해 박수를 받았지만

한인들의 자유와 해방을 응원하며 …

짝 짝 짝

원로 중심의 전로한족회 주도 그룹의 지지를 받은 것은 아니었다.

박수는 치지만 볼셰비키는 우리 스타일이 아냐.

정권도 불안불안하고.

응.

이들 주도 그룹과 한인사회당 그룹은 사안마다 다시 충돌했고

소비에트 권력을 지지하자!

그건 안 되지!

결정은 언제나 다수파의 몫이었다.

소비에트 권력에 대한 지지안은 부결하고 중립을 지키기로.

우~

중앙총회를 하바롭스크로 옮기자는 안도 부결!

짝 짝

한인사회당 그룹은 대회장을 박차며 나왔고

주도 그룹은 자체로 중앙총회를 구성했다.

중앙위원은 나 문창범을 비롯해 윤해, 채안드레이, 김주프로프, 김야코프, 원세훈, 한여결 등 17인이었지.

전로한족회 중앙총회가 한인사회당 쪽 인사들의 요구를 외면하고 정치적 중립을 표방한 것은

소비에트 붉은 정부는 지지도 반대도 않는다.

그들의 정치적 지향 탓도 있지만 격변하는 정세에도 원인이 있었다.

사방에서 백위파들의 반란이 일어나고 일본군이 뒤에서 후원하고 있어. 소비에트 정부의 존속을 장담할 수가 없단 얘기지.

과연 전로한족회 헌정회의가 끝난 직후 연해주 일대에는 볼셰비키 정권이 무너지고 백위파 정권이 들어서게 된다.

이제 남은 소비에트 권력은 하바롭스크뿐. 하바롭스크에 집결한 한인사회당 세력은

하바롭스크

우수리스크
블라디보스토크

청진

러시아 볼셰비키들과 연대해 하바롭스크를 사수하기로 했다.

혁명 승리를 위하여

불끈...

1918년 8월, 백위파 세력이 공격해 들어왔다.

유동열이 이끄는 한인적위병 부대는 볼셰비키 군대와 함께 방어 전투에 참가하지만,

절반이 전사하고 만다.

결국 극동공화국은 패퇴하고
하바롭스크는 백위군에게 장악되었다.

이때 이동휘, 오바실리, 유동열 등은
탈출에 성공했지만

김알렉산드라는 체포되었다.

연해주의
우수리스크에서
출생하고

블라디보스토크에서
여학교를 졸업해
교원으로 일했다.

볼셰비키 당원이 된 그녀는

조선인 최초의
볼셰비키이자
어쩌면 최초의
사회주의자죠.

우랄 지역으로 가서
조선인과 중국인 벌목공들을 조직해
러시아혁명에 참여시켰다.

연해주로 돌아와서는 하바롭스크시당 비서, 극동인민위원회 외무위원장에 선출되었다.

와! 우리 조선인의 자랑!

여자의 몸으로 세상에···

볼셰비키 간부이기 이전에 조선의 독립을 열망했던 조선인,

사회주의 혁명 승리로 조선 독립을!

외무위원장

이동휘 등을 도와 한인사회당을 조직했다.

체포된 뒤 재판 과정에서 시종 당당했다.

당신은 조선인, 모든 것을 인정하고 뉘우친다면 석방해주겠다.

이 전쟁에서 함께 한 수백 명의 조선인은 모두 노동자, 농민 조선 애국자들이다. 내가 만약 '뉘우친다'면 혁명을 배신하고 조선 민족 앞에 죄를 짓는 일이다.

아무르 강변의 총살 현장에서 열세 걸음을 걸은 다음 마지막 진술을 했다.

지금 내가 걸은 열세 걸음은 조선의 열세 개 도입니다.

조선의 13도 젊은이들이여! ··· 여러분 모두는 우리의 후예들이 조선을 해방시키고 사회주의를 어떻게 건설하는가를 보게 될 것입니다.

조선독립 만세! 소비에트 만세! 볼셰비키당 만세!

탕

민족자결주의와
상하이 지역의 대응

러시아혁명도 독립운동 진영에 큰 인상을 주었지만

황제가 쫓겨나고 부르주아 정부가 섰는데 다시 무너뜨렸다지?

볼셰비키 혁명이라…

마르크스. 레닌.

더 크게 사람들을 흔들어놓은 건 윌슨의 민족자결주의였다.

아···

기독교도가 다수인 독립운동 진영에는 다분히 친미적인 경향이 있었는데

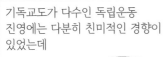

초기 교회의 설립자나 선교사 다수가 미국인이었으니까.

시대의 흐름은 그 경향을 더욱 강화시켜주었다.

고착 상태에 빠졌던 대전이 미국이 참전하니까 순식간에 정리되었잖아.

압도적 세계 최강! 게다가 새로운 시대의 비전을 보여주는 나라.

우리의 독립에도 미국이 뭔가 역할을 해주지 않을까?

미국과 윌슨은 제국주의, 식민주의 시대를 종결짓고 민족자결주의, 민족주의 시대를 열 존재로 다가왔다.

아메리카!

윌슨!

민족자결주의!

확실히 윌슨은 이 시대 제국주의 열강의 지도자들과는 다른 인식을 드러내 보였다.

전쟁에 참전하기 전인 1917년 1월, 상원에서 한 연설이다.

어떤 국가도 다른 국가 또는 국민에 대하여 자신들의 정체를 확장하려고 추구해서도 안되며 ···

나는 피치자의 동의에 의한 통치를 제안합니다.

그리고 1918년 1월에 발표한 14개 조항의 평화 교섭 조건.

1. 공개 평화협정 체결 후 비밀외교 폐지, 외교 활동의 공개
2. 공해에서의 항해 절대적 보장
3. 경제적 장벽 해소와 동등한 교역조건 확립
4. 상호 간 군비축소
5. 주권에 관한 사항 결정 시, 해당 민족의 이익이 권리관계를 가지고 있는 정부의 요구와 동등한 비중을 가져야 한다는 원칙 준수
6. 러시아로부터의 모든 군대 철수와 불간섭
7. 벨기에 주권 회복
8. 프랑스 영토 회복, 알자스로렌 문제 해결
9. 이탈리아 국경선 재조정
10. 오스트리아헝가리제국 내 민족들의 국제적 지위 보장
11. 루마니아, 세르비아, 몬테네그로 등 발칸반도 국가들의 독립 보장
12. 오스만제국 지배하의 제 민족들의 자주적 발전 기회 보장
13. 폴란드의 독립과 영토 보전
14. 모든 국가들이 참여하는 연합체 구성

독일과 연합국의 휴전은 독일이 이 14개 조항을 수용한 데 따른 것이다.

이 중 약소민족을 언급한 부분이 민족자결주의로 불리며 피압박 식민지 민중들을 들썩이게 한 것인데

민족 자결주의라고라?!

정작 연합국들로부터는 냉소적 시선을 받았고

뭔 소리야?

그 동안 우리가 어떻게 싸웠는데

설마 우리 식민지를 내놓으란 건 아니겠지.

심지어 미 국무장관까지 어이없어했지만

허~참! 여러나라에서 반란이나 일어나게 하겠군.

역시 학자 출신은 지나치게 이상적이야.

이 사람은 적극적으로 반응했다. 여운형이다.

배재학당에서 공부하고 기독교와 접한 그는

부친상을 치르고 난 뒤 노비문서들을 불살라버리고 집안의 노비들을 해방시켰다.

집 안에 있던 신주들도 모두 땅에 묻어버렸다.

쟈가 서양물을 먹더니 단단히 미쳤구나.

천하의 불효막심한!

생각이 서면 바로 실천하는 행동파.
1914년엔 난징의 진링대학 영문과에 유학했다.

급변하는 정세를 주시하며 독립운동의 길을
모색하던 그는

1918년 8월, 상하이의 동지들을 규합해 신한청년당(혹은 신한청년단)을 조직한다.
김규식, 김철, 문일평, 정인보, 신규식, 장덕수 등이 함께했다.

정세에 기민히 대처해
독립의 길을 찾으려면
내세울 만한 조직이
있어야겠기에.

신한청년당

1915년의
신한혁명당과는
달라요.

연합국으로 함께하긴 했지만
미국은 일본의 행보를 경계했다.

일본의
야심이
너무 커.

미국은 크레인을
특사로 중국에
파견했고

적어도
일본이 중국을
독점하게 돼선
안 돼.

크레인은 대중 강연을 통해 미국의
속내를 드러내 보인다.

이제 곧
전후 처리를 위해
파리에서
강화회의가
열립니다.

연합국으로
함께했던
중국도 당연히
참여해서
자기 목소리를
내는 것이
좋을 것입니다.

여운형은 강연이 끝난 뒤 따로 크레인을 면담했다.

저는 조선인입니다.

병합 이후 일본의 억압이 날로 심해지고 있습니다. 우리도 파리에 대표를 파견하고 싶은데 협조를 부탁드립니다.

좋습니다.

여운형은 신한청년당에 이 문제를 제기했고 동의를 얻었다.

이번 파리회의는 우리의 독립운동에 일대 전기가 될 것으로 사료됩니다. 우리도 대표를 보내야 합니다.

좋은 생각입니다.

신한청년당 대표 여운형의 이름으로 독립청원서를 작성해

강화회의와 윌슨 미 대통령에게 보내기로 한다.

한 통은 크레인을 통해 윌슨 대통령에게.

한 통은 한국 대표가 가지 못할 경우를 대비해 월간지 〈밀라드 리뷰〉 사장에게.

파견할 대표로는
누가 좋을까요?

김규식이
최적이지요.

맞습니다.
공부도 많이 했고
영어를 비롯해
각국어에 능통하니
잘 해낼 것입니다.

김규식은 수락하면서 중대한 제안을 한다.

좋습니다.
다만 부탁이
하나 있습니다.

파리에 파견되더라도
서구인들이 내가 누군지
어찌 알겠습니까?

일제의 학정을 폭로하고
선전하기 위해서는
누군가가 국내에서
독립을 선언해야 하고
무슨 사건이 발생해야
맡은 바 사명을
잘 수행할 수 있으리라
생각합니다.

옳은 지적입니다.
우리 대표가
주목받기 위해선
대대적인 독립운동이
필요합니다.

그리고
자금도 준비해야
합니다.

신한청년당은 대표 파견을 위한 경비 마련과
국내에서의 대대적인 독립운동 추진을 위해
각지에 단원들을 파견했다.

신민회 출신 선우혁은

평양으로 가서 이승훈을 만나 상하이의 움직임을 전하며 도움을 청했고

잘 알겠네. 동의하고 자금 문제도 애써보겠네.

김철은 국내로 들어와 자신의 전답을 팔아 1만 원을 마련한 뒤

손병희를 만나 상하이의 계획을 알리고 후원을 약속받았다.

3만 원을 마련해 보겠네.

고맙습니다.

서병호와 김규식의 부인 김순애도 국내로 잠입해 활동을 전개했고

장덕수는 일본으로,

여운형은 연해주, 만주 지역을 돌았다.

미주 지역의 대응

제1차 세계대전 기간 동안 잠잠했던 미국의 대한인국민회는

미국과 일본이 같은 연합국이니...

윌슨의 14개 조항 연설에도 크게 영향받지 않았다.

미국이 참전하면 유럽대전이 끝날까?

그러나 파리강화회의에 대비해 체코, 폴란드 등 20여 약소민족 대표들이 뉴욕에서 약소국동맹회를 갖기로 하자 달라진다.

우리도 뭔가 해야지 않을까?

그러게. 세상이 바뀌고 있네.

일단 사람들의 의견을 모아보세.

1918년 11월, 대한인국민회 중앙총회는 시국에 대해 논의하고

이렇게 의결했다.

I. 파리강화회의와 뉴욕 약소국동맹회에 대표 3인 파견
I. 한인 대표자는 이승만, 민찬호, 정한경
I. 파리강화회의 대표는 정한경

이어 가진 임시위원회에선
파리에 파견할 대표로 이승만을 추가한다.

하와이 교민에
대한 영향력도
고려해야 하고,

또 윌슨대통령과
친하다는 소문이
있는 지라.

대한인국민회와는 별도로 신한회라는 조직도
총회를 갖고 약소국동맹회에 대표를 보내기로
하는 한편,

미 대통령, 상하 양원, 미국의 파리강화회의
대표 등에게 한국 독립을 청원하는 결의문을
보냈다.

우리는 일본에
나라를 빼앗긴
한국의 대표로
...

수령이 거부되었지만 이는 당시 미국의 신문에
보도되었고

Korea?

다시 도쿄의 〈재팬 애드버타이저〉에
보도되어 도쿄의 유학생들에게
영향을 준다.

Koreans Agitate for
Independence.
한국인들 독립을 주장하다.

상해에서도
대표를
파견했네.

이때 미국은
한국의 독립 문제는
일본의 내부 문제로
보았다.

Korea는
일본 땅!

정한경, 이승만에게
파리행 여권을 발급해주지 않았고

NO!
일본의 허락을
받아 와.

파리에 가 있는 미 국무장관 랜싱은 이렇게 말했다.

한국인들이 파리에 오는 것은 매우 불행한 일이다.

이런 상황을 마주한 이승만, 정한경은 대한인국민회 중앙총회장 안창호에게 편지를 보낸다.

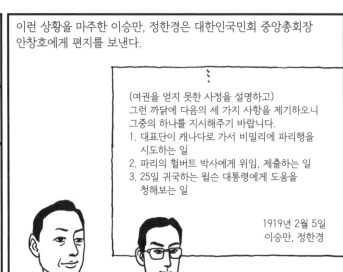

(여권을 얻지 못한 사정을 설명하고)
그런 까닭에 다음의 세 가지 사항을 제기하오니
그중의 하나를 지시해주기 바랍니다.
1. 대표단이 캐나다로 가서 비밀리에 파리행을
   시도하는 일
2. 파리의 헐버트 박사에게 위임, 제출하는 일
3. 25일 귀국하는 윌슨 대통령에게 도움을
   청해보는 일

1919년 2월 5일
이승만, 정한경

이에 안창호는 이렇게 답했다.

1. 캐나다를 가도 파리행이 어려우니 허락할 수 없습니다.
2. 한국 문제를 외국인에게 위임하는 것은 허락할 수 없습니다.
3. 윌슨 대통령을 만날 수 있다면 우리의 사정을 말하고
   출국 허가를 얻을 수 있도록 원조를 청해보는 것이 좋겠습니다.

이승만이 프린스턴대학에서 박사 학위를 받을 당시 총장이 윌슨이었다.

이승만은 윌슨과 강화회의 앞으로 새 청원서를 작성했는데

중앙총회와 의논 없이 두고두고 문제가 될 새 문안을 삽입한다.

우리는 자유를 사랑하는 1500만 한국인의 이름으로
각하께 청원하노니, 동봉한 청원서를 강화회의에 제출해주시고
연합국 열강이 장래 한국의 완전한 독립을 보장한다는
조건하에서 일본의 통치로부터 한국을 해방시켜
국제연맹의 위임통치하에 두는 조처를 취할 수 있도록
지지하여주시기를 간절히 청원하는 바입니다.

이것이 이루어진다면 한반도는 모든 나라에 이로움을 제공할
중립적 통상 지역으로 바뀔 것입니다.
또한 극동에서 새로운 하나의 완충국을 탄생시킴으로써
동양에 있어서 어떤 특정 국가의 확장을 방지하고
평화를 유지하는 데 도움이 될 것입니다.

이승만은 또한 미 국무부와 백악관을 향한 접촉 노력을 계속했다.

이승만 측의 움직임에 대해 소식을 접한 파리의 미국 대표단은 본국에 이렇게 의견을 보내왔다.

한국 병합은
이번 전쟁으로 생긴
사항이 아니기 때문에
회의가 한국의 주장에
귀 기울일 가능성이
없습니다.
한국인의 파리행은
철회토록 해주세요.

백악관의 반응은 냉담했다.

대통령께선
코리아를 위해
할애할 시간이
없습니다.
쏘리~

그렇다면
…

정부 당국이 문을 닫아걸고 응하지 않자 이승만, 정한경은 언론에 알리는 방향을 택했다. 기자들에게 알리고

우리는 한국이 완전 자치를 할 능력을 갖추었다고 판단될 때까지 위임통치를 바란다는 청원서를 제출할 생각입니다.

정한경은 직접 〈뉴욕타임스〉에 기고하기도 했다.

'한국 인민들은 한마음으로 파리강화회의와 국제연맹의 위임통치를 호소하고 있다' 라고라고라?

이때 이미 한반도에선 3·1혁명의 만세 물결이 거세게 일고 있었다.

사실 윌슨의 민족자결주의는 출발부터 한계가 분명했고 모호했다.

우리 식민지들에 대해 자결주의를 요구하는 건 설~마 아니겠지?

가령 민족자결주의를 대표하는 것으로 알려진 제5조의 표현을 보자.

... 모든 주권 문제를 결정함에 있어서 당해 식민지 주민의 이해는 권리관계를 가지고 있는 정부의 정당한 요구와 동등한 비중을 가져야 한다는 원칙을 엄격히 준수하는 기초 위에서 모든 식민지의 요구를 자유롭고 공정하게 조정한다.

식민지 주민의 이해를 중시하는 듯 보이나 '권리관계를 가지고 있는 정부', 즉 종주국의 요구와 동등한 비중을 갖는다는 얘기.

도옹등? 그 얘긴 즉 우리가 우선이란 의미겠지 ㅋ

아시아, 아프리카 식민지들은 거론조차 않았던 이런 모호함은 러시아혁명의 확산을 저지하기 위한 슬로건의 측면이 크다.

제국주의 전쟁 반대! 민족해방 투쟁 지지!

아 …

러시아로 쏠리는 식민지 민중들의 기대를 분산시킬 필요가 …

그렇다고 연합국 열강들의 눈치 또한 살피지 않을 수가 없어서 민족자결주의는 사실상 패전국의 점령지 문제로 국한되고 말았다.

놀랬잖아~

이런 배경으로 이승만, 정한경은 여권조차 받을 수 없었던 것이고

어느 정도 예상했었어.

상하이를 출발한 김규식의 앞길 또한

가시밭일 수밖에 없었다.

2·8 독립선언

개항 이래 유학을 희망하는 이들은 아무래도 가까운 일본을 찾았다.

일본의 근대화된 모습에 놀란 개항 초기의 유학생은

와...

대개 친일의 경향을 갖게 되었다.

일본! ... 정말 대단하다. 우리도 이젠 중국과 정리하고 일본으로부터 배워야.

하지만 강제 병합 이후 일본에 유학한 이들은 달랐다.

대단한 건 인정하지.

그렇다고 우리를 노예로 삼아?

그들은 민족의식이 강했고 스스로를 망국의 선각자로 여겼다.

우리는 조선의 아들들. 지금은 비록 나라를 잃은 가련한 신세지만

부지런히 배워서 조선을 각성시키고 일으켜 세워 국권을 되찾아야지.

1912년 도쿄조선유학생학우회가
조직되고

기관지 〈학지광〉,

1914년 4월
창간되어 1934년
4월, 제 29호로
종간됩니다.
위 사진은 종간호.

각종 행사, 웅변대회 등을 통해
서로의 민족의식을 드높였다.

새로이 소개되는 사상적 흐름에
민감하게 반응했고

사회주의나 무정부주의 단체에
뛰어들기도 했다.

처음 파리강화회의에
큰 관심을 기울이지 않았던
유학생들은

어차피
제국주의자들의
잔치!

미국 교포들의 움직임이
영자 신문에 보도된 것을 보면서

재미 한국인들은
한국인들의
독립운동에 대한
미국의 지원을
요청하는 청원서를
미국 정부에 요청했다.

생각이 달라지기 시작했다.

오늘 자연
이승만, 정한경씨를
파리에 대표로
파견하기로
했다더군.

우리도 뭔가 해야되는 거 아냐?

그러게.

1919년 1월 6일 유학생들은 도쿄 YMCA회관에서 웅변대회를 가졌다.

이 시국을 맞이해 우리는 무엇을 할 것인가!

독립을 선언하고 내각의 각 대신과 각국 대사에게 독립을 청원합시다.

옳소!

짝짝짝

담당할 실행위원 11명을 선발하고

서춘, 윤창석, 이종근, 최근우, 백관수, 최팔용 ...

문장가로 이름 높은 이광수에게 독립선언서를 작성케 했다.

이광수는 3일 만에 독립선언서와 결의문을 작성하고 이를 일어와 영어로 번역했다.

과연 춘원!

전 조선청년독립단은 아我 이천만 민족을 대표하여 정의와 자유의 승리를 득得한 세계 만국의 전前에 독립을 기성期成하기를 선언하노라...
오족은 정당한 방법으로 오족의 자유를 추구할지나 만일 차로써 성공하지 못하면 오족은 생존의 권리를 위하여 온갖 자유행동을 취하여 최후의 일인까지 자유를 위하는 뜨거운 열혈을 천淺할지니 엇지 동양 평화의 화원이 아니리오.
오족은 일병一兵이 무無호라.
오족은 병력으로써 일본을 저항할 실력이 무호라.
연연然然하나 일본이 만일 오족의 정당한 요구에 불응할진대 오족은 일본에 대하여 영원의 혈전을 선宣하리라...
자玆에 오족은 일본이나 혹은 세계 각국이 오족에게 민족자결의 기회를 여與하기를 요구하며 만일 불연不然하면 오족은 생존을 위하여 자유행동을 취함으로써 오족의 독립을 기성하기를 선언하노라.

유학생들은 1월 말에 송계백과 최근우를 국내로,

이광수는 상하이로 파견했다.

그리고 1919년 2월 8일, 마침내 운명의 날이 왔다.

오전 10시경 학생들은 독립선언서와 결의문, 민족대회 소집 청원서를 각국 대사관, 일본 정부 대신들, 국회의원, 총독부, 각 신문사와 잡지사, 학자들에게 우송했다.

그리고 오후 2시경, 유학생 총회를 가장한 조선청년독립단 대회를 열었다.

수백 명의 유학생들이 모인 가운데 최팔용의 사회로 집회가 시작되었다.

백관수가 독립선언서를,

오족의 독립을
기성하기를
선언하노라!

김도연은 결의문을 낭독했다.

··· 요구가
실패될 시에는
일본에 대하야
영원히 혈전을
선함.
차로써 발생하는
참화는 오족이
기책을 임치
아니함.

집회를 마친 학생들은 시내 행진을 위해
거리로 나왔고

곧장 경찰에 제지당했다.

체포된 실행위원들은
7~9개월의 실형을 선고받았다.

국내로 들어가 소식을 전했던
송계백도 돌아와 합류했다가
체포되었는데

이듬해 초 도쿄 감옥에서
옥사했다.

〈학지광〉의 편집장으로
집회에서 사회를 보았던
최팔용은

출소 후 귀국했지만 수감 시
상한 몸이 회복되지 않아
1922년 세상을 떴다.

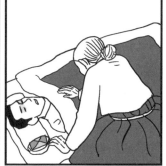

상하이로 건너간 이광수는
영문 독립선언서를
윌슨 대통령에게 보내고

상하이의 언론에 보도될 수 있도록 했다.

이후 그는 상하이에 남아 임시정부 수립 과정에
합류한다.

임시정부
기관지
〈독립신문〉의
사장 겸 주필을
맡기도.

편집국장은
나 주요한이.

도쿄 유학생들의 선도적인 독립선언과 집회는
국내외 각지의 독립운동가들을 격동시켰다.

그리고 누구도 생각지 못했던 거대한 혁명이
소리 없이 준비되어가고 있었다.

평양시가
경성에서 3·1만세운동이 시작될 시각
평양에서도 만세운동이 진행됐다.
평양 시민들은 만세를 부르며 시가를 행진했다.

평양

파고다공원
민족대표들이 소요를 우려하여 파고다공원으로
오지 않고 인사동의 태화관으로 모이자
파고다공원의 학생들과 시민들은 자체적으로
만세운동을 시작했다.

경성

대구

제2장

1919년 3월 1일

천도교, 기독교 등 종교 세력을 중심으로 민족대표가 구성되고,
국내외를 오가는 준비 과정을 통해 마침내 1919년 3월 1일
파고다공원을 시작으로 만세운동이 시작되었다.
일제는 폭력적 진압으로 대응했지만 만세운동은 사그라들지 않았고
도리어 전국 구석구석으로 번져나갔다.

대구 3·1운동 길

대구에서는 3월 8일 만세운동이 벌어졌다.
대구고보, 계성학교, 신명학교 학생들이
작은 오솔길을 따라 동산을 내려가며 만세를 불렀다.

신한청년당 결성		대한광복군 정부 수립		대한광복회 조직
제1차 세계대전 종결	**1919**	제1차 세계대전 발발	**1920**	21개조 조인

거사의 준비 과정

천도교는 동학 시절에 비해 그 전투성이 많이 사라졌지만 여전히 민족적 성향이 강했고

농촌 지역을 중심으로 100만이 넘는 신도를 확보하고 있었다.

시천주조화정…

권동진, 오세창, 최린 등 천도교의 지도부 인사들도 민족자결주의를 다룬 〈매일신보〉 보도를 접했고

민족자결에 파리강화회의라 …

독립운동을 모색하던 차였는데 상하이에서 밀사가 왔다.

그렇지. 이 좋은 기회를 놓쳐서야 안 되지.

뒤이어 일본의 유학생 송계백이 2·8 독립선언서 초안을 들고 찾아왔다.

오!

선언 초안문을 보고 일본 유학생들의
계획을 접한 중앙학교 교사 현상윤은

친구인 중앙학교 교장 송진우와 최남선에게도
이를 보였다.

송계백은 또한 보성중학 옛 은사인 최린을 통해
손병희에게도 전달했다.

청년학도들이
이렇게 나서는데
우리 선배들이
가만 있을 수야
있겠나?

천도교 측은 대대적인
민족운동의 전개를 결심했다.

때가
되었군!

이보다 한발 앞서
1919년 1월 21일,
고종이 세상을 뜬다.
향년 68세.

흉서 사실이 발표되자
사람들은 달려와
곡을 했고

아이고오~
아이고오~

죽음을 둘러싼 이런저런 소문이 퍼져나갔다.

흉서를
이틀이나
지나서
발표했다며?

뭔가 숨기고 싶었던
모양이지. 독살이란
소문이 돌더군.

다리가 코끼리
다리처럼 부어
있었다며.

황태자 전하와
일본 왕녀의 결혼을
반대하려고
자살하셨다는
소문도.

황제께서 마지막 도움을 주시는구나.

손병희는 권동진, 오세창에겐 교단 내의 준비를, 최린에겐 외부 접촉과 진행 총괄을 일임한다.

2월 초 최린 자택에서 송진우, 최남선, 현상윤 등은 대표 후보를 선정했다.

최대한 대중을 모을수 있는 명망가들로.

한규설? 좋소.

윤용구, 박영효.

윤치호도.

접촉 결과는 대부분 실패.

NO!

NO!

NO!

창덕궁 앞에서 자결하라 하면 하겠지만 민족자결에 대해선 알지 못하네.

윤치호

심지어 손병희는 이완용도 접촉했다.

민족 운동이라 하셨소?

내가 매국노란 말을 들은 지 오랜데 새삼스레 참가할 수도 없잖소?

그러나 성공해서 독립이 된다면 이웃에게 돌맞아 죽더라도 차라리 다행이라 생각하겠소.

민족자결주의를 믿고 헛꿈을 꾸는구만. 바보들!

살펴 가시우.

그냥 우리끼리 해야 되나?

기독교 쪽도 움직임이 있습니다.

이때 기독교는 이미 전국에 3,000여 개가 넘는 교회가 세워질 만큼 성장해 있었다.

서북 지역 기독교 세력의 리더인 이승훈은 신민회 출신.

상하이에서 온 선우혁으로부터 그곳의 움직임을 전해 듣고 적극적 지원 약속과 함께

학생, 교회를 중심으로 대대적인 민족운동을 벌일 것을 꾀하던 차에

천도교 측의 제안을 받고
공동 행동을 합의한다.

함께
하시죠?

그럽시다.

불교계의 참여도 권유키로 하고
불교 개혁 운동에 앞장서온
한용운에게 전했다.

마땅히!

한용운은 동료 승려 백용성에게
제안해 참여를 약속받았다.

행동 준칙과 방향 등이 결정되고,

우선,
독립 운동의 대중화,
일원화, 비폭력 고수를
기본 원칙으로 삼고

파고다 공원에서
독립 선언서를 낭독하는
형식으로 진행하며,
독립선언서를 비밀리에
인쇄해 당일 서울과
지방에 배포하고
…

기독교 측 16인, 천도교 측 15인, 불교 측 2인으로
민족대표들이 구성되었다.

〈기독교〉
이승훈, 길선주, 박희도, 정춘수, 김병조, 김창준, 박동완,
신석구, 신홍식, 양전백, 오화영, 유여대, 이갑성, 이명룡,
이필주, 최성모

〈천도교〉
손병희, 최린, 권동진, 오세창, 이종일, 권병덕, 김완규, 나용환,
나인협, 박준승, 양한묵, 이종훈, 임예환, 홍병기, 홍기조

〈불교〉
한용운, 백용성

함께해온 김성수, 최남선, 송진우, 현상윤은
대표 서명을 사양했다.

저는
사업에
전념할
생각인지라
…

저는
학업.

저는
언론활동.

저는
교육에
…

다만 최남선은 독립선언서 작성을 자처했다.

저는 학자로 살 결심을 한 터라 운동의 표면에 나서고 싶지는 않지만 독립선언서는 제가 직접 짓고 싶습니다.

그리 하시게. 조선 최고의 문장가이니 당연히 그리 해야지.

한용운의 반대가 있었지만

독립운동을 책임질 수 없는 이에게 맡기는 건 아니지 않소?

그대로 맡겨졌다.

최고의 문장은 잘 아실 터. 믿어봅시다.

서울의 학생들도 전문학교 학생 대표들이 모여 독립운동을 일으킬 것을 논의해오고 있었다.

각 대표들은 학교별로 학생들을 모읍시다.

대표가 체포될 경우를 대비해서 부대표들도 선정해둡시다.

이들과 연락을 이어온 감리교 간사 박희도가 종교계의 상황을 전했다.

종교계의 연합이 이루어졌으니 학생들도 함께했으면 좋겠소.

우리가 독립선언서를 준비하고 발표할 테니 학생들은 앞장서서 시위행진을 이끌어주오.

학생들은 종교계 측의 제안 수용을 결의했다.

학생단의 운동은 종교계와 연합해서 한다.

각 학교 별로 파고다공원에 모여 합동 민족 운동에 참여하는 한편

독자적인 시위운동을 전개한다.

독립선언서의 인쇄는 천도교 측이 맡았다.

우리 보성사에서.

거사일은?

국장이 3월 3일로 정해졌으니 이날은 우선 곤란합니다.

그렇다 해도 국장을 보러 사람들이 몰려드는 이 때를 놓칠 순 없어요.

전날인 3월 2일은 어떻습니까?

그날은 곤란합니다. 일요일이어서 우리 기독교 쪽은 어렵습니다.

국장 이후로는 힘이 빠질 테고 3월 1일은 어떨까요?

3월 1일! 좋습니다.

거사 장소도, 거사일도 정해졌다.

조선이 독립국임을 선언하노라

성공한 역사엔 뭔가 특별한 것이 있게 마련. 상하이, 서울, 도쿄를 오간 논의,

거대 종교 세력과 학생들을 망라한
두 달에 걸친 준비,

비밀 인쇄와 인쇄물의 우송,

이 모든 일이 무단통치, 헌병통치의 총독부
치하에서

보안이 새지 않고 진행되었다.

아찔한 순간도 있었다.
종로경찰서 고등계 형사
신철이

불은 꺼져
있지만

독립선언서를 인쇄 중이던
보성사를 급습한 것.

냄새가
나.

콰

오등은 자에
아 조선이
독립국임과
…!!

소식을 들은 최린이 그를 만나 거액을 건네며
회유하고 설득해 넘어갈 수 있었다.

딱 며칠 만
눈감아주게.
민족의 명운이
걸린 일이네.

이 일로 신철은 나중에 투옥되고 감옥에서
자살했다고 한다.

최린이 건넨
돈을 신철이
받아갔다는 기록도
받아가지 않았다는
기록도 있습니다.

마침내 역사의 날이 왔다.

새벽을 틈타 종로, 서대문 등 곳곳엔 격문이 뿌려지고

檄!
황제폐하께선
일본인들의 간사한 꾀로
독살되시었다!
동포여! ……

방문이 붙었다.

뭔지 모를 불온한 기운이 감돈다는 것을 헌병도 경찰도 감지하고 긴장했다.

경찰은 우선 배재학당과

YMCA회관을 그 진원지로 보고 직원들을 연행하는 등 부산을 떨었다.

거리는 국장을 보러 상경한 이들이 더해져 북적이는데

입에서 입으로 이날의 일이 전해졌다.

파고다 공원으로.

파고다로.

파고다에서 대 민족 운동이 ....

파고다공원은 어느새 시민, 학생 들로 가득찼다.

웅성

웅성

그런데

어찌된 일이야? 2시가 다 됐는데 민족대표들은 한 사람도 보이질 않으니…

글쎄 뭐가 잘못 됐나?

같은 시각 민족대표들은 인사동의 명월관 분점인 태화관에 모여 있었다.

전날 손병희의 집에 모여 회합 장소를 변경했던 것.

내일 말입니다. 아무래도 우리가 파고다공원으로 가서 함께했다가 예기치 않은 일이라도 생기면 곤란하지 않을까요?

저도 그게 걱정입니다. 혹여 유혈 충돌이라도 있게 되면 저들이 이를 탄압의 구실로 삼을 수 있어서.

과연 그렇습니다. 우리는 따로 태화관에 모여 독립선언을 하는 편이…

그게 좋겠소!

이들이 태화관에 모여 있는 사실을 학생 대표들이 알아내고 달려왔다.

아니, 선생님들! 다들 모여 오시기만을 학수고대하고 있는데 여기 계시면 어떡합니까?

어서들 가시지요.

학생들의 요구가 지당하네만 뜻밖의 소요를 부를 것 같아 따로 모였네.

우린 우리대로 진행할 테니 학생들은 학생들대로 움직여주게.

……

35（2）

3시가 되어 한용운이
대표 연설을 하고

민족대표들은 만세 삼창을 했다.

이미 독립선언서와 독립 통고문을 일본 정부와
귀족원, 중의원 등에 보내놓은 상황.

당장
체포햇!

이내 경찰이 들이닥쳤다.

벌써부터 파고다공원의 만세 소리가
들려오고 있었다.

만세~…
　만세~…

민족대표들은 곧바로 체포되었다.

연도를 메운 시민들은 만세를 불러
대표들을 배웅했고

만세ㅡ

잡혀가는
대표들은
차창 밖으로
독립선언서를
뿌렸다.

동포들이여!

조선은 독립을
선포했다아ㅡ

입닥쳣!

선언서宣言書

오등吾等은 자玆에 아我 조선의 독립국임과 조선인의 자주민임을 선언하노라.
차此로써 세계만방에 고하야 인류 평등의 대의大義를 극명克明하며
차此로써 자손만대에 고하야 민족자존의 정권正權을 영유케 하노라.
반만년 역사의 권위를 장仗하야 차를 선언함이며, 이천만 민중의 성충誠忠을 합하야 차를 포명함이며,
민족의 항구여일恒久如一한 자유 발전을 위하야 차를 주장함이며,
인류적 양심의 발로에 기인한 세계 개조의 대기운에 순응병진順應幷進하기 위하야 차를 제기함이니,
시是는 천天의 명명明命이며 시대의 대세며 전 인류 공존동생권共存同生權의 정당한 발동이라,
천하하물天下何物이던지 차를 저지 억제치 못할지니라.
구시대의 유물인 침략주의, 강권주의의 희생을 작作하야 유사 이래 누천년에 처음으로
이민족 겸제箝制의 통고痛苦를 상嘗한 지 금금에 십 년을 과過한지라.
아 생존권의 박상剝喪됨이 무릇 기하幾何며, 심령상 발전의 장애障碍됨이 무릇 기하며,
민족적 존영의 훼손됨이 무릇 기하며,
신예新銳와 독창獨創으로써 세계 문화의 대조류에 기여보비寄與補裨할 기연을 유실함이 무릇 기하뇨.
...
오등이 자에 분기하도다. 양심이 아我와 동존同存하며 진리가 아와 병진하는도다.
남녀노소 업시 음울한 고소古巢로서 활발히 기래起來하야 만휘군상萬彙群象으로 더불러
흔쾌한 부활復活을 성수成遂하게 되도다.
천백 세 조령祖靈이 오등吾等을 음우陰佑하며 전 세계 기운이 오등을 외호外護하나니, 착수着手가 곧 성공이라.
다만, 전두前頭의 광명光明으로 맥진驀進할 따름인뎌.

근데 대체 뭐라고 써 있는 거지? 통 모르겠네.

그러게 온통 한문투니...

간단히 내용을 요약한다면 먼저 조선이 독립국임을 선언한다, 지난 10년 간 고통을 겪었는데 이제 고통과 단절하고 독립을 확실히 해야 한다, 우리의 독립은 동양평화와 세계평화로의 길이다.

새로이 인도주의 시대가 열리는만큼 모두 떨쳐나서면 조상의 신령들과 세계의 기운이 돕고 있으니 성공할 것이다. 라는 내용 되겠습니다.

아! 그런 내용이구만.

근디 어찌 내용도 뜨뜻미지근 허네.

본문과 달리 공약 3장은 강력한 독립 의지와 행동 강령을 보여준다.

공약삼장公約三章

1. 금일 오인吾人의 차거此擧는 정의, 인도, 생존, 존영을 위하는 민족적 요구이니 오즉 자유적 정신을 발휘할 것이오, 결코 배타적 감정으로 일주逸走하지 말라.
1. 최후의 일인까지, 최후의 일각까지 민족의 정당한 의사를 쾌히 발표하라.
1. 일체의 행동은 가장 질서를 존중하야, 오인의 주장과 태도로 하여금 어대까지던지 광명정대하게 하라.

오옷!

최후의 일인까지, 최후의 일각까지! 확실하네.

이흑 공약3장은 각종 선언서에서 재인용되곤 했습니다.

선명한 내용으로 봇아 한용운이 작성했다는 주장도 있나

최남선의 법정 진술을 보면 직접 작성한게 맞는 듯.

만세운동의 시작

파고다공원에 모인 학생들은 태화관으로 민족대표들을 부르러 가는 한편

자체로 행사를 진행하기로 한다.

오등은 자에 아 조선의 독립국임과 조선인의 자주민임을 선.언.하노라!

1. 최후의 일인까지 최후의 일각까지 민족의 정당한 의사를 쾌히 발표하라!

1. 일체의 행동은 가장 질서를 존중하야 오인의 주장과 태도로 하여금 어대까지던지 광명정대하게 하라!

와

조선독립 만세!!

10년간 쌓였던 총독부 통치로 인한 울분이

두려움이란 두터운 지각을 뚫고
터져 나왔다.

자신감을 얻은
학생들과 군중들은

파고다공원을 나와 거리 행진에 들어갔다.

조선독립만세!!

연도의 시민들이 합세하면서 시위대의 규모는 갈수록 커졌고

중간중간에 연설과

환호가 뒤이었다.

와아

상인들은 문을 닫아걸고 합류했고

수업을 받던 학생들도 달려왔다.

국장을 보러 온 갓 쓴 유림들도 함께했다.

거대한 대열, 환호와 열기 속에 사람들은 자신감을 얻었고

종로,

정동,

서대문 등등 어디나 만세 소리가 가득했다.

경무청은 국장에 대한 경비만 펴다

예기치 못한 사태 전개에 당황해 어쩔 줄을 몰라 했다.

총독부 관계 기관과

일본인 상점에 대한 경비가 우선 강화되고

해질 무렵에는 일본인 깡패들과 무장한 점원들이 몰려나왔다.

이윽고 무차별 폭행과

체포 작전이 시작되었다.

사람들은 폭행을 당하면서도,

체포되어 끌려가면서도 소리 높여 만세를 불렀다.

총독부 마당은 어느새 체포돼 온 1,000여 명의 시위 참가자들로 가득했다.

새로이 누군가 끌려오기라도 하면

총독부는 금세 만세 함성으로 뒤덮였다.

폭압적 진압은 분명 가시적인 효과를 냈다.
시내 중심가의 만세운동은 사그라들었다.

대신 만세운동은 외곽으로 번져나갔고
밤늦게까지 이어졌다.

조선독립
만세!

만세운동은 서울에서만 벌어진 게
아니다. 사전에 약속된 대로
평양에서도,

의주, 안주, 원산,
진남포에서도
독립선언서 낭독과

행진이 뜨겁게 전개되었다.

세상을 뒤흔든 역사적인 3월 1일도 어김없이
저물었다.

그런데 3·1은 마감되지 않았다.
아니, 시작이었다.

3·1만세운동의 확산

이튿날인 3월 2일에도 삼엄한 경계를 뚫고 보신각 앞에 수백 명이 모였다.

만세를 부르며 행진하다 수십 명이 체포되었다.

3월 3일엔 고종의 국장이 있어 시위는 자제되었다.

다만 곳곳에 격문이 나붙고

각종 유인물이 인파 속에 뿌려졌다.

3월 4일,
전문학교와 중학교
학생 대표들이
배재고등보통학교에 모여
이튿날의 만세운동을
계획했다.

3월 5일 아침 8시,
남대문역 앞.

나팔 소리에 맞춰

♩♪
빠바라 밤~
♩

학생 대표인 강기덕, 김원벽을 선두로

순식간에 학생들이 대열을 이루었다.

시민들이 합세하면서 대열은
수만 명에 이르렀다.

두 학생 대표가 체포되었지만

시위 대열은 남대문시장을 지나 대한문 앞까지 이르렀다.

경찰은 보다 강경하게 나왔다.
칼을 휘둘러 피 흘리는 이가 속출했지만

시위대는 흩어지지 않은 채
보신각에 다다랐다.

대열은 경찰이 발포를 하고 나서야 흩어졌다.

이날의 만세운동에서 체포된 이만
100여 명에 이르렀다.

3월 8일에는 용산인쇄국 직원
130여 명이 만세운동을 벌이고

종로 상인들은 철시했으며

전차 종업원도 파업했다.

외곽에선
몇백 명씩 모여
산발적인 운동을
이어나갔다.

총독부는 기병 2개 대대와 야포 중대를 서울 시내에 투입해 경비를 강화하는 한편
위협적인 행진을 하며 공포 분위기를 조성했다.

이후 서울 지역의 만세운동은 사그라들었지만

지방은 달랐다.

서울의 동맹휴학, 폐교 조치로 귀향한 학생들,

국장에 참여했다가 3월 1일의 만세운동을 경험한 유생들,

상인들에 의해

만세운동은 전국 구석구석으로 번져나갔다.

황해도와 평안도 일대는 신흥 상공인층이 많고 세계적으로도 유례가 없을 만치 기독교의 교세 확산이 빠르게 이루어진 곳.

평양에선 3월 1일에 시민, 학생 5,000명이 만세운동을 벌였고

평안북도에선 선천의 만세운동이 격렬했다.
3월 4일엔 6,000여 명의 시위대가 만세를 불렀다.

조선독립만세!!

황해도에선 시작부터 유혈 사태를 맞았다.

수안의 경우 500명이 헌병분견소로 몰려갔는데

헌병대가 총을 쏴 13명이 현장에서 죽었다.

타 타 타 타 타

그래도 굴하지 않고 만세운동은 인근의 재령, 안악, 은율 등지로 확산되었다.

경기도에선 개성을 시작으로

수원, 이천, 양평 등지에서 세차게 전개되었다.

양주와 여주에선 승려들이

수원과 안양에선 기생들이 앞장섰다.

3월 29일, 수원기생조합 기생들은 김향화의 주도로 만세운동을 벌였다.

이일로 6개월간 옥살이를...

기생들이 참여한 만세운동은 다른 지역에서도 벌어졌다. 3월 19일 진주에선 기생독립단의 이름으로 시위행진이 일어났고

기생독립단

이 일로 구금된 주모자의 한 사람인 한금화는 명주 자락에 이렇게 혈서를 썼다.

기쁘다 삼천리 강산에 무궁화 다시 피누나.

해주의 기생들은 피로 그린 태극기를 앞세우고
만세운동 대열의 선두에 섰다.

세상은 이들을
사상기생이라
불렀습니다.

충남에선 3월 3일,
예산을 시작으로 대전 등 각지로 퍼져 나갔다.

충북에선 3월 9일, 청주의 학생들의 투쟁에서
촉발되었다.

강원도에선 의병 출신이 주도한
경우가 많았다.

화전민 , 숯장수 등으로
숨어살았는데 이제야
속이 뚫리는구나.

전북에선 3월 12일
임실장터에서 2,000명이
만세운동을 벌이고

밤에는 봉화투쟁을 벌였다.

전주에선 3월 13일 전주 장날에,

3월 26일 이리에선 열차 승객과 시위대가 함께 만세를 불렀다.

전남은 3월 10일 광주를 시발로 각지에 번졌는데

화순에선 서당 학동들이 주도하기도 했다.

경남에선 3월 11일 일신여학교에서 처음 시작된 뒤

3월 18일 한용운의 지시를 받은 김법린이 범어사 승려들을 앞세우고 동래장터 만세운동을 주도했고

통도사 중심의 만세운동도 있었다.

하동군에선 적량면장인 박치화가
사표를 던지고 하동 장날 만세운동을
주도했다.

밀양군에선 춘화리 농민 600여 명이 만세운동을
벌였다.

대구에선 3월 8일,
학생, 시민이 만세운동을 벌였고

예안에선 이황의 후손들을 중심으로 한 격렬한
만세운동이 있었다.

제주에선 휘문고등보통학교를
다니던 김장환이 독립선언서를
가지고 내려와

숙부 김시범 등과
만세운동을 주도했다.

도 별	집회 횟수	집회 인원	사망자 수	부상자 수	수감자 수
경기도	303회	665,900명	1,472명	3,124명	4,680명
황해도	115회	92,670명	238명	414명	4,218명
평안도	315회	511,770명	2,042명	3,664명	11,610명
함경도	101회	57,850명	135명	667명	6,215명
강원도	57회	99,450명	144명	645명	1,360명
충청도	156회	120,850명	590명	1,116명	5,233명
전라도	222회	294,800명	384명	767명	2,900명
경상도	228회	154,948명	2,470명	5,295명	10,085명
간도	51회	48,700명	34명	157명	5명
합 계	1,548회	2,046,938명	7,509명	15,849명	46,306명

– 출처 : 박은식, 《한국독립운동지혈사》

제암리 교회

일제는 화성 제암리에서 주민들을 교회에 몰아넣고
무차별 사격 후 방화하는 만행을 저질렀다.
이는 선교사 스코필드 박사를 통해 세계에 알려졌다.

유관순

이화여고를 다니던 18세의
유관순은 고향인 천안으로
내려가 아우내장터 만세운동을
주도했다. 이후 체포되어
고문을 받았고 결국 옥사했다.

화성

천안

영덕

상하이

우리는		원불교 창시		대동단결선언 발표	
세계는	1916	위안스카이 사망	1917	러시아혁명	1918

제3장

만세운동에서 혁명으로

총칼을 앞세운 무차별 진압, 제암리 학살 같은 폭거에도 만세운동은 주저앉지 않았다.

한 팔이 잘리면 다른 팔로 태극기를 들어 만세를 외쳤고,

구금된 동료를 구출하기 위해 주재소와 경찰서를 습격했다.

이 과정에서 조선 민중은 각성했고 근대인으로 변모했다.

어느덧 만세운동이 전 민족적 혁명으로 진화해간 것이다.

영해 3·1 의거탑

영덕 시위대는 일본 경찰들을 무장해제시키고 경찰서장 등을 감금하기도 했다. 그러나 대구에서 파견된 군인들에 의해 진압되고 말았다.

신한청년당 결성		대한광복군 정부 수립		대한광복회 조직
제1차 세계대전 종결	1919	제1차 세계대전 발발	1920	21개조 조인

야만적 진압

의병들도 다 소탕했고 비밀결사들도 모두 적발, 파괴했어.

이제 우리에게 힘으로 맞서는 것은 불가능하다는 걸 충분히 알았겠지?

그리고 우리가 지난 10년 동안 이룩한 변화와 발전!

조선인들도 눈이 있으면 보고 느끼는 게 있을 터.

아무렴! 이제 조선인의 민족의식 따위는 사라졌다고 봐야지. 조용하잖아.

핫 핫 핫

조선 독립 만세ㅡ
만세ㅡ

이건 뭐… 민족의식이 사라지기는커녕

우리의 통치에 대한 반감이 휴화산 밑에 고인 마그마처럼 끓고 있었던 거잖아.

조선독립 만세! 만세!!

거대한 폭발에 총독부는 경악했고 당황했다.

이… 이런 식의 저항은 본 적이 없단 말씀야. 어떻게 대처해야 하지? …

그러나 군인 총독 하세가와는 이내 군인으로 돌아왔다.

육군성에서는 뭐라던가?

불상사를 속히 진압하고 거사를 미연에 방지하라는 훈령이 있었습니다.

역시 그렇지?!

추호의 가차도 없이 엄중 처단하라!

주둔 정규군이 시위 진압에 투입되고

저벅 저벅 저벅

이어 일본에서 헌병과 보병 부대가 증파되었다.

증대사라는 인상을 주지 않기 위해 네 차례에 나누어 비밀리에 들어왔지.

기존 헌병과 경찰 들도 강경하게 대처했는데 지방에서 특히 더했다.

척 척

3월 4일 안주에선 기독교도, 천도교도 3,000명이 연합해 만세를 부르며 헌병분견소로 몰려갔다.

와! 와!

헌병대와 거친 몸싸움이 벌어졌는데

분대장이 중상을 입었다.

빠득

척

이어
시위대를 향해
무차별 총격이
가해졌고
20여 명이나
현장에서
피살되었다.

타타타 탕

탕

3월 9일 영원의 만세운동에서도
총격을 받고 23명이 숨졌다.

3월 10일 맹산 만세운동에는 100여 명이 참여했는데

조선독립

주도한 교사가 체포되었다.

60여 명이 몰려가 항의했다.

석방하라!

자자 진정들 하시고
의논해 해결하자고.
들어들 오셔.

그렇게 마당 안으로 끌어들인 뒤 54명을 몰살시켰다.

이 사건은 가까스로
살아남은 두 사람이
선교사에게 알려
세상에 드러났다.

3월 31일 수원군
향남면에선 발안 장날
만세운동이 있었다.

만세운동은 강경한 진압과 만나서
더욱 격렬한 모습으로 이어졌고
사상자가 나왔다.

4월 3일, 분노한 시위대는
화수리 주재소를 불태우고
일본인 순사를 처단했다.

다음 날 화수리에 일본군
한 개 소대가 들이닥쳤다.

범인들은
좋은 말로 할때
나와랏!

뭐야?
주민들이
싹 다
튀었잖아.

집들을
홀랑다
태워버렷.

인근 마을까지 돌아다니며
100여 채를 방화했다.

그리고 무단 발포로 20여 명의 사상자를 냈고

500여 명을 고문, 폭행했다.

퍽 퍽 퍽

10여 일에 걸쳐 일대의
모든 마을에 보복한 다음

4월 15일 제암리에 들이닥쳤다.

이 마을 교회 청년들이 시위를 주도했겠다. 마을 사람들을 모두 교회에 집합시켜.

예배당 안으로 얼른 얼른 들어가!

다 들어갔으면 문 잠가.

잠갔습니다.

좋아! 일제사격 준비.

그렇게 교회 안에 사람들을 모아놓고 총탄 세례를 퍼부은 다음

석유를 뿌려 불을 질렀다.

총탄과 불길 속에서도 죽지 않고 뛰쳐나온 이들에겐 재차 총탄이 날아들었다.

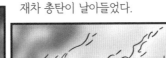

타 타 타 타

이어 일본군은 고주리로 가서
피신하지 않고 있던 일가족 6명을 생화장하는
만행을 저지르기도 했다.

제암리 일대에서 벌어진 일련의 이 잔혹한
학살극은 외국인 선교사들에 의해
세상에 알려졌다.

일본이
식민지에서
끔찍한 짓을
저질렀군.

이들 중 F. W. 스코필드 박사가 있다.
세브란스 의학전문학교 교수로 들어와
의사이자 선교사로 활동했던 그에게

들어와요.

3월 1일 전날인 2월 28일,
주모자 격인 학생이 찾아왔다.

곧 대대적인 독립운동을
펼칠 계획입니다.
이 독립선언서를 미국에
보내주셨으면 합니다.

뜻은 좋으나 성공할
가능성도 없고
도리어 조선인에게
해를 가져올
것입니다. 계획을
중단하세요.

학생들이 다칠까 봐 반대했지만 마음으로
3월 1일의 계획을 지지했던 그는

제암리의 이야기를 듣고 곧장 그곳을 찾았다.

참혹한 현장을 직접 촬영하고 '제암리 학살 보고서'를 작성해 세상에 알렸다.

그를 비롯한 선교사들의 노력으로 일제의 만행은 세상에 알려졌고 외교 문제가 되었다.

살살 좀 하지 그랬어.

뭔가 개선책을 마련해서 내놓아야 할 것 같애.

스코필드는 이 일로 조선에서 추방되었다.

돌아올 생각은 안 하는 게 좋을 거야.

40년이 지난 1959년, 그는 다시 한국에 돌아왔고 교수로 일하며 전쟁고아들을 돌보았다.

1970년, 82세를 일기로 세상을 뜬 그는 국립서울현충원에 안장됐다.

애국지사 프랭크W. 스코필드 지묘

한국명은 석호필입니다.

굴하지 않는 항전

어려서부터 계몽운동가인 아버지의 영향으로 신사상을 접한 유관순은

당시 열여덟의 이화여자고등보통학교 학생이었다. 서울 만세운동에 적극 참여한 후

학교가 폐쇄되자 독립선언서를 숨겨 고향 천안으로 내려왔다.

가족 친지와 주변에 서울의 만세운동 상황을 전하고 운동의 필요성을 역설했다.

그녀를 비롯해 지역의 유지들, 청년 학생들의 주도 아래 마침내 4월 1일 아우내장터에서

3,000명이 모인 가운데 집회가 시작되었다.

오등은 자에 아 조선의 독립국임과 조선인의 자주민임을 선언하노라! …

일본 헌병대는 총검을 사용한 강경 진압으로 나왔다.

독립선언서를 낭독한 진명학교 교사 김구응을 비롯해

19명이 현장에서 피살되고 수십 명이 크고 작은 부상을 입었다.

유관순의 아버지와

어머니도 피살되었다.

그리고 유관순을 비롯해

현장에서 많은 이들이 체포되었다.

그녀의 오빠와 숙부도 함께 체포되었다.

유관순은 5년 형을 선고받고

불복해 항소하면서 공주 감옥에서 서대문 감옥으로 이감됐다.

1920년 3월 1일, 3·1혁명 1주년을 맞아
옥중 동지들과 옥중 만세투쟁을 벌였다가

혹독한 고문을 당해야 했고,

이해 가을 고문 후유증과 영양실조로 옥사했다.

유관순이 남긴 말이다.

내 손톱 빠져나가고
내 코와 귀가 잘리고
내 손과 다리가 부러져도
그 고통은 이길 수 있사오나
나라를 잃어버린 그 고통만은
견딜 수가 없습니다.
나라에 바칠 목숨이
오직 하나 밖에 없는 것 만이
이 소녀의 유일한 슬픔입니다.

4월 4일, 이리장터 시위.

그동안 이리 지역의 만세운동을 주도해온 문용기가 이날도 선두에 섰다.

오른팔을 잃은
문용기는 왼손으로
태극기를 들고
다시 외쳤다.

조선독립

만세ー

이…

착

이게 어디서
개겨?

두 팔을 잃고도 그는 굴복을 몰랐다.

조선
독립

만…

빠가야로!

4월 3일, 창원군 삼진(진북, 진전, 진동) 사람들이
진동면 고현 장날에 만세운동을 벌였다.

김수동이 태극기를 흔들며
대열을 이끌다가

헌병의 조준 사격에 쓰러졌다.

옆에 있던 변갑섭이 태극기를 받아 들고 대열을 이끌었다.

변갑섭도 쓰러졌지만 투쟁 대열은 무너지지 않았다.

분노한 군중은 투석으로 맞서며 더욱 격렬히 저항했다.

이런 모습들은 전국 각지에서 반복되었다.

처음으로 확인된 전국적인
반일 독립 의지,

그 동안 말은 안했지만 모두 같은 생각을 하고 있었어.

단결된 스스로의 힘에 대한 놀라움,

우리가 뭉치니까 저 놈들 완전 긴장타는데.

더 많이, 더 굳게 뭉치면 왜놈들을 몰아내고 독립할 수 있지 않을까?

조선독립 만세!

이심전심으로 사람들은 이런 날이 다시 오기
어렵다는 것을 알았고

이렇게 한마음이 되는 건 쉽지 않아.

이번에 승부를 봐야!

한목숨 바쳐서라도 이 기회에 기어코 독립을
이뤄야 한다고 여긴 것이리라.

자! 두려워 말고 갑시다!

조선독립 만세—

朝鮮獨立

조선독립 만세—

조선독립 만세—

만세—

朝鮮獨立

폭력화하는 항쟁

초기부터 가해진
강경한 탄압에도
만세운동은 위축되지 않았다.

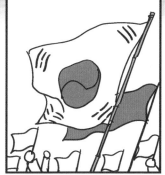

도리어 초기 지도부가
정한 비폭력 원칙을
뛰어넘어

독립 운동의 대중화,
일원화, 백력 고수를
기본 원칙으로 …

적극적 항거, 폭력적 투쟁으로
발전해갔다.

3월 13일 강화의 만세운동에서
5명이 체포되었는데

3월 18일 장날엔
2만 명에 가까운 이들이 모여
행진을 시작했다.
그들은 군청으로 몰려갔고

조선독립 만세!

구금된 동지들을
내놓아라!

체포된 동료들을 구출해냈다.

양주에서도 구속된 동료의 구출을 위해 1,000명의 시위대가 헌병주재소를 습격했다.

안성군 원곡면 주민 1,000명은 원곡면사무소와 양성 경찰관주재소를 불질렀고

용인 외사면 주민 4,000여 명도 면사무소와 주재소를 파괴했다.

이 밖에도 안성경찰서를 비롯해 경기도 내 여러 헌병분견소, 주재소, 면사무소들이 파괴되거나 불탔다.

에~또 피해를 입은 경기도 내 관공서들을 보자면 경찰관서 17개소, 헌병대와 헌병분견소 12개소, 군청과 면사무소 35개소, 우편소 2개소 등이지. 슌~~ 폭도들 같으니.

관공서만 시위대의 표적이
된 건 아니다.

저기가

친일파
아무개의
집이다!

민족 반역자!
때려부수자!

친일파와 일본인 가옥 여러 채도
피해를 입었다.

3월 말에서 4월에 걸쳐
경기도에선 또 다른
투쟁이 이어졌으니

횃불집회다.

밤이 되면 면이나 마을 단위로 수백 명씩 모여 횃불집회를 벌였다.
횃불집회는 충청도 곳곳에서도 빈번하게 행해졌다.

조선독립만세~
만세~

이런 양상은 경기도, 충청도만의 모습이 아니었다. 3월 13일 함경도 정평에선 5,000명의 시위대가

헌병분견소와 철도 관사를 습격했고

명천에선 헌병분견소를 습격하다가 6명이 목숨을 잃었다.

4월 초 대전의 투쟁도 격렬했다. 3명의 경찰관이 중상을 입었고

시위대는 헌병분견소와 면사무소를 공격했다.

이 과정에서 39명이 피살되고

681명이 검거되었다.

강원도에선 양양경찰서 등
9개의 관공서가 파괴되었다.

경북 영덕에선 시위 진압에 나선
순사들이 제복과 칼을 빼앗겼다.

이를 저지하러 나선 경찰들 또한

무장해제되고

경찰서장을 비롯해 순사들이
감금되기에 이르렀다.

이에 대구에서 급히 파견된 군인들이

척척척척

시위대에 총격을 가해 8명이 현장에서 숨졌다.

이렇듯 관공서 습격, 방화 등 폭력화 양상은

전국 각지에서 나타났다.

그렇게 비폭력 대중운동으로 시작된 3·1만세운동은 일제의 강경한 탄압과 만나면서
전 민족적인 항쟁으로, 혁명으로 전화했다.

국내의 3·1혁명

4월을 넘기면서 혁명은 잦아들기 시작했고

독립의 꿈을 이루지 못한 채 사그라들었다.

7,000여 명이 목숨을 잃었고

그보다 더 많은 수의 부상자가 발생했다.

체포된 이만도 거의 5만 명에 달했다.

이 중에서 정식 구속자만 1만 8,000여 명,

기소되어 재판을 받은 이만 9,289명이었지.

흔히 3·1만세운동 하면 33인의 민족대표들을 우선 떠올리게 된다.

태화관에 모였던 민족대표 29명은 구속되었고

지방에 있던 길선주, 유여대, 정춘수는
자진 출두했다.

김병조는 선천에서 만세운동을
이끌고는

실상을 국외로 알리기
위해 상하이로 망명했다.

대표 서명을 하지 않았던
최남선, 송진우 등도
체포되었다.

이들은 재판에 넘겨져 내란죄로 형을 받았다.
주모자 격인 손병희, 이승훈, 한용운에게는 3년 형이,

그 외의 인물에게도
1년 6개월 이상의 실형이
선고되었다.

다음과 같은 생각을 가졌기에

전 민족적인
대중운동을 일으켜
국제 사회의
관심을 끌고

미국 등 열강에
호소해 독립을
이룬다.

민족대표들은 유혈 충돌을 꺼리고 비폭력을
고수하고자 했다.

그러려면
대중적 참여가
가능하고
탄압의 빌미를
주지 말아야.

확실히 비폭력 방침은 수많은 대중의 참여를 가능케 함으로써 3·1만세운동의 대중적, 전국적
전개를 가져왔다.

그러나 민족대표들은 스스로 체포돼버림으로써

전국적 운동에 대한 통일적 지도를 포기했다.

우리 역할은 여기까지.

이에 독립선언서를 낭독하고

오등은 자에 아 조선이 독립국임과 ···

만세운동 행진을 하는 초기의 통일성만 확보되었을 뿐

조선독립만세!

지역별로 상이한 양상과 투쟁 단계가 나타났다.

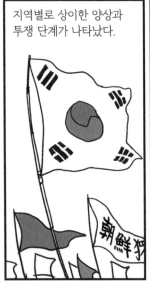

朝鮮独

어떤 곳은 여전히 비폭력을 고수했고

어떤 곳에서는 거의 무장투쟁 수준에 육박했다.

와 와

3·1만세운동의 진정한 주역들은 어쩌면 현장의 지도자들로, 이름 없는 수많은 유관순들이라 하겠다.

초기엔 기독교나 천도교 인사들과

학생, 교사 들이 시위를 주도했고

이후 유생,

노동자,

농민,

상인, 승려, 기생 등으로 다양화됐다.

그들은 이 싸움을 통해 독립을 이룰 수 있다고 믿었고, 약속이나 한 듯 모든 것을 다 걸고 나섰다.

그들이 마주한 운명은 가혹했다.

컴온.

현장에서 총탄에 맞거나

칼에 찔리고

체포되어 가혹한 고문을 당했다.

옥고를 치러야 했고

더러는 옥사하거나

풀려난 후에도 고문 후유증으로
고생해야 했다.

그렇게 고초를 겪었지만
이들은 이후 독립운동의 주역으로,
무장투쟁의 지도자로 성장한다.

3·1만세운동은 유례가 없는 전 민족적인 혁명이었다.

10년에 걸친 총독부의 강권 통치에도

동화주의나 조선을 발전시켜주었다는 사탕발림에도

동조동근.

박람회 봤으면 우리가 조선을 어떻게 멋지게 바꿔가고 있는지 알았을 거야.

굴복하지 않았음을,

조선독립

속지 않았음을 입증한 혁명.

만 세一

조선인은 조선인으로, 조선 민족으로, 자주적으로 살겠다는 민족적 선언이고

조선이 독립국임과 조선인이 자주민임을 선언하노라!

이를 가로막는 일본 제국주의에 대한 항전의 포고였다.

혁명을 통해 조선 민중은 각성했다. 스스로의 힘을 자각한 민중들은

우리도 뭉치면 강하다!

이후 노동운동, 농민운동 등의 대중운동을 통해 독립운동의 주력으로 자리 잡아간다.

혁명은 또한 조선인을 근대인으로 변모시켰다.

우리가 날마다 이 고생을 하는 건 왜놈들을 몰아내고 나라를 되찾으려 함이지.

근데, 나라를 되찾으면 다시 임금님의 나라가 되는 겨?

에이~ 그건 아니지.

일부 지식인들 사이에서만 공유되던 공화주의가 자연스럽게 조선인 대중들에게 받아들여진 것이다.

되찾은 나라는 당근 우리들 나라가 돼야지.

암~. 거 머시냐 인민의 나라. 맞지?

아따 우리 셩님 유식도 허요.

여기에 3·1혁명이 갖는 혁명적 성격이 있다 하겠다.

게다가 공화주의에 기초한 대한민국 임시정부를 낳았으니 혁명이라 부를만 하죠.

서대문 형무소에 수감된 유관순의 수형기록표

서대문 형무소에 수감된 한용운의 수형기록표

북간도　　연해주

룽징 독립운동 기지

북간도에서는 3월 13일 룽징에서 처음 만세운동이
시작되어 중국 당국의 저지에도 불구하고
인근 지역으로 퍼져나갔다.

대한국민의회 독립선언서

연해주에서는 대한국민의회가 3월 17일
독립선언식을 갖고 우수리스크와
블라디보스토크에서 만세운동을 벌였다.

제4장

3·1혁명의 파장

북간도와 연해주, 그리고 미국에서도 3·1혁명의 불길은 타올랐다.
일본의 적극적 무마외교로 열강들은 애써 냉담한 반응을 보였고,
친일파들은 만세운동에 대한 비난과 공격에 앞장선다.

필라델피아

필라델피아 행진
필라델피아에서는 서재필, 이승만을 중심으로 한인대회가 열렸고
이후 독립선언과 시가행진을 가졌다.

신한청년당 결성	1919	대한광복군 정부 수립	1920	대한광복회 조직
제1차 세계대전 종결		제1차 세계대전 발발		21개조 조인

해외로 번진 혁명

상하이로부터 연락을 받은 북간도의 독립운동가들은 논의를 거쳐 지린에서 대한독립선언서를 발표한다.

我大韓 同族男妹와 ...

대한독립선언서

우리 대한 동족 남매와 온 세계 우방 동포여,
우리 대한은 완전한 자주독립과 신성한 평등 복리로 우리 자손 여민에게 대대로 전하기 위하여
이에 이민족 전제專制의 학대와 억압을 해탈하고 대한 민주의 자립을 선포하노라.
...
슬프도다. 일본의 무뢰배여, 임진왜란 이래로 반도에 쌓은 악은 만세에 가리어 숨기지 못할지며
갑오 이후 대륙에서 지은 죄는 만국이 용납하지 못할지라.
...
십 년에 이른 무뢰배의 작란이 여기서 극에 이르므로 하늘이 저들의 못된 행태를 싫어하여
우리에게 좋은 기회를 주실새, 우리는 하늘과 인도에 순응하여 대한의 독립을 선포하는 동시에
합병을 한 죄악을 선포하고 징계하노니,

1. 일본이 합방을 한 동기는 저들의 소위 범일본주의를 아시아에서 실행함이니, 이는 동아시아의 적이요,
2. 일본이 합방을 한 수단은 사기 강박과 불법 무도와 무력 폭행을 구비하였으니, 이는 국제법상의 악마이며,
3. 일본이 합방을 한 결과는 군경의 야만적 권세와 경제적 압박으로 종족을 마멸하며,
   종교를 억압하고 핍박하며, 교육을 제한하여 세계 문화를 저지하고 방해하였으니, 이는 인류의 적이라.
...
아아, 한마음 한뜻의 이천만 형제자매여, 국민 본령을 자각한 독립임을 기억할 것이며,
동양 평화를 보장하고 인류 평등을 실시하기 위한 자립임을 명심할 것이며,
하늘의 밝은 뜻을 받들어 모든 사악한 망에서 해탈하는 건국인 것을 확신하여
육탄 혈전으로 독립을 완성할지어다.

단군 기원 4252년 2월   일

서명자는 박은식, 김교헌, 김규식, 김동삼, 김약연, 김좌진, 여준, 유동열, 이동녕, 이동휘, 이승만, 이시영, 문창범, 박용만, 신규식, 신채호, 안창호, 윤세복… 등 39인인데 쟁쟁한 해외 독립운동가들이 거의 다 망라되었네.

하지만 직접 서명받은 이는 일부인 듯.

기초자는 '대동단결선언'의 작성자였던 조소앙이라고 한다.

최초의 독립선언서이고 음력인 무오년(1918년)에 발표되었다 하여 무오독립선언서라 불린다.

양력으로 1919년 2월 1일에 발표되었는데 음력으론 무오년이라지.

음력으로도 사실은 기미년이었다고 해. 다만 3.1 독립선언서와 구분하기 위해 그렇게 불렸다고도.

심지어 3.1 독립선언서 초고가 전해진 뒤에 지어졌다는 얘기도.

공화주의에 입각한 독립국가 건설을 지향하며 육탄 혈전의 독립 전쟁을 표방하고 있다.

육탄혈전이라…

과연 간도에서 나온 선언문 답군.

3월 1일에 조용한 북간도의 움직임은 3월 13일, 룽징에서 터져 나왔다.

조선독립

2월부터 각 지역 독립운동가들이 모여 실행 방향을 모색해오다 국내에서의 만세운동 소식을 접하고 이날 결행한 것.

만세~ 만세~

행사는 조선독립축하회 주최의 독립선언식이라 명명되었다.

룽징의 거리마다 태극기가 걸리고

수십 리 밖에서도 대거 참여해

엄청난 인파가 모였다.

우리 조선 민족은 민족의 독립, 민족의 정의, 민족의 인도를 선언하노라. 우리는 4,000년 역사를 가진 나라요, 2000만 신성한 민족이었다.

행사를 마치고 모래바람이 부는 가운데 거리 행진에 나섰다.

일제의 강경한 압박을 받은
옌지 당국,

방치한다면
우리 일본에
적대하는 것으로
간주될 것이오.

중국 영토 안에서는
중일 간의 친선을
해치는 행동을 해선
안 된다.
즉각 해산하라!

정의
인도

독립

해산에 불응하자
발포해 10여 명이
희생되었다.

타앙 타앙

허룽현, 왕칭현
등지에서도
만세운동이 이어졌다.

중국 당국의 억압이 계속되자
만세운동은 점차 무력투쟁으로
바뀌어갔다.

곳곳에서 결사대, 자위단, 암살대가
조직되고

동양척식주식회사, 영사관 건물을 방화하거나

친일파를 납치, 감금하기도 했다.

서간도에선 삼원보가 먼저 불을 당겼다.
3월 12일 수백 명이 모여 독립경축대회를 갖고
만세운동을 벌였으며

인근 각지로 번져나갔다.

3월 21일, 싱징 왕청문에선
중국군의 발포로 9명이 희생되었고

지안(집안)에서도
9명이 피살됐다.

서간도에서도 곳곳에서
무장의 움직임이 시작되었다.

곳곳에서 무장대, 결사대가 조직되는가 하면
독립군이 모집되고 훈련되었으며,

국내진공작전이 준비됐다.

1914년 이래 움츠러들었던
만주의 독립운동 진영이

변화된 국제 정세와 3·1혁명의 열기를 타고
새로이 날개를 펴게 된 것이다.

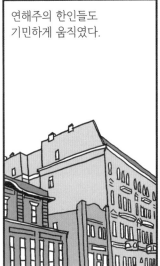

연해주의 한인들도
기민하게 움직였다.

백위파 정권이 서면서
한인사회당은 지하로
숨어들었지만

정치적 중립을 표방했던
전로한족회 중앙총회는
반볼셰비키 입장을 내걸며
활동 공간을 찾았다.

한인사회당 세력은 파리강화회의에 대해 회의적이었지만,

승전국들의 재분할을 위한 제국주의자들의 잔치!

가봤자 기대할거 없을 터.

전로한족회 중앙총회 주류는 생각이 달랐다.

잘 하면 독립의 기회가 될 수 있겠어.

이들은 1918년 12월, 북간도 지도자들에게 사람을 보냈다.

러시아와 중국 내 한인들이 연합해서 대표를 파리에 보냅시다.

북간도 측이 회의를 통해 동의의 뜻을 밝히면서

좋은 제안이라 생각합니다.

제대로 된 한인대표 조직을 만들고 조직 대표를 파리에 보냅시다.

1919년 2월 25일, 북간도의 대표자들까지 참가한 전로한족회의가 우수리스크에서 열렸다.

명동학교 설립자인 김약연 선생을 비롯해 북간도의 대표들까지 참석하셨으니 전로한족회의란 이름도 바뀌어야 합니다.

옳습니다!

대회는 전로한족회의를 대체할 새 조직으로 대한국민의회를 출범시켰다.

대한국민의회

이어 1919년 3월 17일, 대한국민의회는 독립선언식을 갖고

獨立宣言式

大韓國民

조선독립만세!!

독립선언서를 11개국 영사관과 러시아 공관 등에 보냈다.

대한국민의회 의장은 문창범으로 우수리스크에서 독립선언서 발표식을 거행한 후

오후엔 블라디보스토크로 와서 다시 만세운동을 주도했다.

일본군의 지원 아래 극동 지역의 권력을 장악하고 있던 백위파 당국은

애초 집회 자체를 허용하지 않았다.

반일 집회는 절대 안 돼!

일본과의 우호를 해치는 행위는 용서하지 않겠어.

하지만 집회를 적극 저지하면서도

만주에서처럼 발포하지는 않았다.

만주와 연해주에서의 크고 작은 만세운동은 4월까지 이어졌다.

이대로 해산!

해산하라니깐!

퍽
퍽

3월 9일 상하이의 목사 현순은 샌프란시스코와 하와이로 급전을 쳤다.

3월 1일의 소식을 알리는 전보였다.

아!

전보를 받아 본 안창호는 즉각 대한인국민회 인사들에게 이를 알리는 한편,

중앙총회 임시협의회를 소집했다.

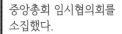

대한인국민회 중앙총회 임시

거룩한 3월 1일에 대한 민족 전체를 단결한 조선독립국민단이 선언한 바,

독립 선언서와 공약 3장을 동월 동일에 대한인국민회가 선언함이요, 결의함임을 선포하며 동시에 조선독립국민단 대표 33인은 대한인국민회의 동일한 대표임을 공포합니다.

와 와

총회는 다음의 몇 가지를 의결했다.

짝 짝 짝

1. 이승만, 정한경이 끝내 여권을 얻지 못할 경우 서재필을 파리강화회의에 파견할 것

1. 미국 각계와 교섭해 대한 독립에 대한 동정을 얻을 것

1. 동포에게 수입의 20분의 1을 납부하게 할 것

또한 김규식 등 대표단에게 경비로 쓰도록 3,500달러를 보내고

고맙습니다.

회장 안창호의 명의로 미국, 영국, 프랑스, 이탈리아, 중국 대사에게 한인들의 독립 의지와 김규식의 대표 출석권을 요구하는 전문을 보냈다.

코리아?
안창호?
김규식?

하와이에선 안창호의 전보를 받은 박용만의 주도로

600여 명의 교민이 교회에 모여 감격을 나누었고

살다보니 이런 날도.

독립되면 고향으로 가세.

시가행진을 벌였다.

필라델피아의 서재필도 바삐 움직였다.

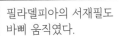

서재필, 이승만과 친분이 있는 미국인 목사, 신부, 교수 들을 초청한 가운데 제1차 한인대회를 열고

대회 마지막엔 독립선언과 시가행진을 가졌다.

서재필은 또한 영문 잡지의 필요성을 느끼고

일본의 왜곡된 선전을 바로잡고 한국 문제를 바로 알리려면...

안창호의 동의를 얻어 필라델피아에 한국통신부 사무실을 열었다.

그러고는 1919년 6월부터 〈한국평론〉을 발행해 주요 열강의 정부, 대학, 교회, 개인 구독자에게 배포했다.

자비를 털어가며 잡지를 발행하던 서재필은 뒷날 워싱턴회의의 결과를 보고는

한국 문제는 거론조차 안 됐어...

1922년 7월, 〈한국평론〉 발행을 포함한 모든 활동을 중단했다.

미국 정부에 우리의 독립을 위한 행동을 기대한다는 것은 허망한 일.

미국의 행동 없이 우리가 독립할 수 있다는 생각도 역시 허망한 일.

제국주의 세계의 반응

대전 종결 후 극동의 한 식민지 땅에서 벌어진 격렬한 혁명은

전후의 질서를 새로 짜기 위해 파리강화회의를 준비했던 세계의 이목을 끌 만했다.

그러나 생각만큼 큰 반향을 일으키진 못했다.

하하 별일 아닙니다. 과격파들의 선동으로 인한 약간의 혼란인데 흔한 일이잖습니까?

일본의 적극적 차단 때문이다.

실제 일본 총리 하라 다카시는 이렇게 종용했더랬다.

이번 사건은 대내외에서 매우 가벼운 문제로 다뤄져야 한다.

하지만 실제로는 엄중히 처리하고, 외국인의 눈을 조심하도록!

관심을 크게 보인 쪽은 중국의 진보적 언론들.

오홋!

〈매주평론〉은 이렇게 보도했다.

이번 조선의 독립운동은 위대하고 성실하며 비장하다. 그리고 정확한 관념을 표방하고 있다… 우리는 조선인에 비해 정말로 부끄러운 생각이 들어 참을 수가 없다.

〈베이징리더〉, 〈노스차이나 데일리 뉴스〉 등 영자 신문들도 비교적 상세히 3월 1일의 소식을 전했다.

The Peking Leader

North China Daily News

외교관들은 이를 본국에 보고했다.

5·4운동을 이끈 베이징 학생들은 선언문에서 이렇게 말했다.

조선은 독립을 도모하고 '독립하지 못 하면 차라리 죽겠다'고 했다. 만약 국가의 존망과 국토의 할양 문제가 급박한데도 국민이 중대한 결심을 해서 최후의 분기를 할 수 없다면 이십세기 열등 민족이며 인류라고 말할 수 없다 …

구미 열강들은 애써 모른 척했고

미 국무장관 대리 F. L. 폴크는 아예 주일 미대사에게 이런 훈령을 내려보냈다.

조선의 민족주의자들이 미국이 자신들을 도와줄 것이라고 믿지 않게끔 하는 것에 유의하고, 미국 정부가 운동을 동정하고 있다고 생각하게 해선 안 된다.

미국의 〈뉴욕타임스〉는 3월 20일 사설에서 이렇게
쓰고 있다.

조선은 자립할 능력이 없고
일본의 통치는 가혹하긴 하나
효율적이다.

대체로 조선 독립에 대해 부정적인 태도를
보였고 다른 신문들도 다르지 않았다.

그렇지 뭐.
식민지들이
괜히 식민지가
아니지.

그나마 관심을 보인 곳은 기독교계.
그 선두엔 선교사들이 있었다.

선교사들도 처음엔 눈감으려 했다.

조선독립
만세—

정치 문제엔
개입하지
않는 편이
…

그러나 조선인들의
격렬한 투쟁에 놀라고

일제의 강경한 진압에 분개하면서

관여하게 된 것.

현장 조사,

보고서 제출 등으로

미국 기독교 단체의 항의를 이끌어냈다.

조선에서 일본 측이 우리 교회에 가한 만행을 교단의 이름으로 규탄한다.

특히 제암리 사건이 여러 매체에 보도되면서

하~ 일본놈들 독하네.

미국이나 영국 정부도 외교적 대응을 하지 않을 수 없게 된다.

일본에게 뭔가 액션을 취해야 할듯.

하지만 기껏해야 외무장관이 일본대사를 불러 한마디 하는 정도.

거 통치 방식을 쫌만 바꾸면 안 될까? 자치도 좀 허용하고 총독도 문관으로 바꾸고.

아, 그럼 됐고^^

안 그래도 그럴 준비를 하던 차에 이런 일이 터져서 … 하하

이렇듯 국제정치 현실은 냉엄했다.

Ha Ha Ha

3·1혁명과 친일파의 움직임

3·1혁명은 일본과
조선총독부뿐만 아니라

친일파들에게도 충격을 안겼다.

헉~

손병희로부터 참가를 제안받았지만 거절했던
중추원 부의장 이완용.

만세~
만세~
만세

조선 인민에게
이런 저력이
있었단 말인가?

〈매일신보〉에 세 차례에 걸쳐
경고문을 실었다.

근데 만세 시위가
격렬했던 3월엔
조용히 있다가
4월 들어서야
경고문을 실었단
말씀야.

뭔가 양다리
느낌이 …

경고문

조선 독립이라는 선동이 허설이며 망동이라는 것을 알지 못하고
이를 듣고 뒤따라 치안을 방해하니 당국에서 즉시 엄중히 진압하려면 못 할 것도 없다.
근일 듣자니 모모처에서 다수 인민이 사상(死傷)하였다 하니 그중에는 주창한 자도 있겠지만
대다수는 뒤따른 자일 것으로 자신한다.
남을 따라 망동하면 다치거나 죽음이 앞에 있을 것이니 이야말로 살아서 죽음을 구하는 것 아닌가.
안심 진정함이 조금이라도 늦으면 그만큼 해가 될 것이니
오호 동포여, 내 말을 듣고 후회하지 마라.

백작 이완용

※ 1919년 4월 5일 자에 실린 제1차 경고문을 요약한 것임

세 번째 경고인 5월 30일 자 글에선 조선 독립이
불가능함을 적극 설파하고 실력 양성을 주창한다.

이백 삼차 경고

… 오늘날 구주 대전(제1차 세계대전)으로 인해
전 세계를 개조하려는 시대에
우리가 삼천리에 불과한 강토와
모든 정도가 부족한 천여 백만의 인구로
독립을 고창함이 어치 허망타 아니하리오…
병합 이래 근 십 년 동안
총독정치의 성적을 보건대
인민이 누린 복지가 막대함은
내외국이 공인하는 바다.
… 가장 급한 것은 실력 양성이다.

이 정도면
나의 충성은
인정되겠지?

동양척식주식회사 설립위원 겸 이사,
한국은행 창립위원, 경성부협의회 의원,
대정친목회 발기인 겸 평의원,
조선식산은행 창립위원을 역임한
한상룡은

조선군 사령관 우쓰노미야 다로를 만나
3·1혁명의 대책을 건의하면서
내선동화정책 열두 가지를 건의했다.

그리고
조선인에게
창씨할 기회도
주시기 바랍니다.

나는야
창씨개명의
선구자 ♪

신민회 사건 이후 친일의 길을
걷게 된 윤치호는

〈경성일보〉와의 회견에서 이렇게 말했다.

강자가 서로 화합하고
서로 아껴가는 가운데에는
약자가 항상 순종해야만
강자의 애호심을
불러일으켜서
평화의 기틀이
마련되는 것입니다.

함경남도 도장관이었던 이규완은 전국의 도장관들 중에서 가장 먼저 관내 지방관들에게 이런 훈령을 내렸고

만세운동의 확산 방지와 민심 진정을 위해 노력하라!

전북도장관 이진호는 전북자성회를 조직했다.

우리 관료와 지주들이 함께 만세 시위의 확산을 저지합시다.

장석주는 더욱 가관이다. 〈한성순보〉 발간에 참여해 주필을 지냈고,

명성황후시해사건 땐 법부대신이었는데 주범으로 지목되어 일본에 망명해야 했던 이력의 소유자.

이토 히로부미의 공덕을 찬양하기 위해 만들어진 동아찬영회 총재를 지내기도 했고,

동상도 세우고ㅋ

강제 병합 시엔 남작 지위를 받았다.

3·1혁명이 일어나자 그는 무력 진압을 건의하는 글을 발표했다.

자알 썼다♪

조선 독립 소요의 사정과 원인

… 단지 구설(口說)로만 할 뿐 힘으로 복종시키지 않으면 관청을 분략(焚掠)하면서 일본인을 습격, 살해할 것입니다… 이러한데 총독은 구설로만 타이름이 옳겠습니까, 병력으로 무찌름이 옳겠습니까?

일본어 보급을 위해 제국내선어학원 설립운동을 펼치던 홍준표는

제국어를 모국어쳐럼!

〈매일신보〉에 학생들에게 보내는 경고문을 실었다.

… 민족자결주의라 함은 동일국 내에
각종의 민족이 혼재하는 구주와 같은 곳에서 주장할 것이요,
동양 민족, 특히 조선에서는 주장할 것이 아니다.
왜냐하면 일선 민족은 본래 동일 민족이니
동일 민족으로 자결코자 하면 일선인이 상호 협동
일치하지 아니하면 불가라… 조선 청년이여,
독립의 거명에 선동되어 경거망동함을 그만두어라.

뭐래?

기가 막혀~

이후로도 수차례 재일 조선인 유학생들에게 자각과 반성을 촉구하는 격문을 보냈다.

반성!
반성만이
길이다!!

뒷날(1930년 10월) 사이토 총독을 만나 불령 조선인들을 정찰, 감시, 정복할 밀정 기구를 만들 것을 건의하기도.

조선 팔도엔 밀정 기구를, 만주 등지엔 총독부 파견원을 보내…

이미 다 하고 있다네.

관비 유학생으로 일본에 유학하고 러일전에 종군한 이래 적극적 친일의 길을 걸어온 박중양은 이렇게 외쳐댔다.

능력이 없으면 나라가 부강해질 수 없는 법,

독립 만세를 천 번 만 번 외친다고 독립이 되는 게 아니란 걸 똑똑히 알아야!

그는 대구자제단을 만들어 단장으로 취임했고

|| 만세 시위! ||

자제하자!

당일로 경성으로 올라와 경성지부를 조직했다.

규약
- 우리는 소요 진압을 위해 노력하고 불령한 이는 즉각 경찰에 신고한다.

이후 자제단 조직은 전국으로 확산되었다.

자제들 허자고요.

○○자제단

군수들도 적극 나섰다. 평원군수로 재직하던 박상준은 조선 독립의 불가능함을 역설하는 글을 발표했다.

이후 승진을 거듭해 중추원 참의까지 했지. 출세를 하려면 역시 시대에 잘 영합해야ㅋ

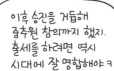

… 일국의 독립은 반드시 독립의 요소가 되는 상당한 영토, 인구, 국민의 정신, 실력이 완비된 후에 될 것인데 영토, 인구는 있으나 국민의 정신과 실력이 따르지 못한 공리 공상만으론 이 욕망을 달성하기가 불가능함은 역사가 증명하는도다.

고희준, 김명준 같은 군수들은 총독부에 건의서를 올리거나 3·1혁명의 진정을 촉구하는 경고문을 배포했다.

나 김명준도 뒤에 중추원 참의, 일본제국의회의 귀족원 의원까지 출세하게 되지.

이렇듯 친일파들은 3·1혁명에 놀랐지만 이내 일본과 같은 입장이 되어 3·1혁명에 대한 비난과 공격에 앞장섰다.

日本♥
만세는 불 순분자
반대
약자는 순종을! 만세!

대한국민의회(전로한족회 중앙총회)

연해주에서는 소비에트 방식에 입각한 정부조직인 대한국민의회가 조직되어 문창범을 의장으로 선출했다. 상하이임시정부와 통합에 나섰으나 임정 측 태도에 반발해 결별한다.

우수리스크

대한민국임시정부 요인

상하이에서는 국무총리 이승만, 내무총장 안창호를 중심으로 하는 행정부가 구성되었다. 이후 여러 임시정부에 대한 통합 작업을 거쳐 대통령 이승만, 국무총리 이동휘 체제의 통합 임시정부로 발전했다.

경성

상하이

우리는	1916	원불교 창시	1917	대동단결선언 발표	1918
세계는		위안스카이 사망		러시아혁명	

제5장

대한민국임시정부의 출범과 활동

3·1혁명의 전개는 해외의 독립운동가들에게 임시정부에 대한 생각을 확산시켰다.

상하이에서는 변화된 정세에 민감하게 반응한 각지의 인물들이 모여,

1919년 4월 11일 대한민국임시정부를 출범시킨다.

이후 임시정부는 헌법을 제정하고 조직을 통합하면서,

독립을 위한 기틀을 마련한다.

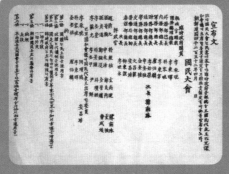

한성정부 임시정부 선포문

국내에서는 13도 대표들이 회의를 갖고
집정관총재 이승만, 국무총리총재 이동휘를
중심으로 하는 행정부를 구성했다.

신한청년당 결성	**1919**	대한광복군 정부 수립	**1920**	대한광복회 조직
제1차 세계대전 종결		제1차 세계대전 발발		21개조 조인

임시정부를 세우자

해외의 독립운동가들은 임시정부를 구상해왔다.

각지의 독립운동을 통일적으로 지휘할 조직이 필요해.

1911년 미주의 〈신한민보〉 주필 박용만은 무형국가 건설론을 주장했고

대한인국민회가 그 역할을 자임하기도 했다.

우리 대한인국민회는 해외 한인의 최고 기관.

大韓人國民會

연해주에서도 권업회 인사들이 정부 조직체 수립을 논의했고

1914년에 대한광복군 정부를 조직하기도 했다.

大韓光復軍

대통령 이상설
부통령 이동휘
제1관구 연해주
제2관구 북간도
제3관구 서간도

러시아 당국의 탄압으로 활동도 못 해본 채 사라졌지만 ㅇㅇ

그리고 앞서 본 대로 1919년엔 전로한족회의를 개편해 대한국민의회를 조직했는데

미국의 대한인국민회랑 헷갈리지 마세요

소비에트 방식을 취한 임시정부 조직이라 하겠다.

이때 대한국민의회는 대통령 손병희, 부통령 박영효, 국무총리 이승만 등의 내각 구성도 발표했다고 알려져 있으나 착오인 듯.

3·1혁명의 전개는 임시정부에 대한 생각을 확산시켰고

독립은 이미 선언했고 민족의 힘도 확인됐어.

이제 우리의 정부가 구성돼야.

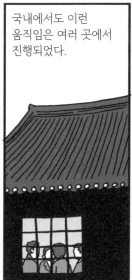

국내에서도 이런 움직임은 여러 곳에서 진행되었다.

먼저 한성정부가 이름을 드러냈다.

이규갑, 홍진 등은 천도교, 기독교, 불교, 유교 대표들을 선정하고

4월 2일 인천 만국공원에 모여 13도 대표자회의를 가졌다.

서울에서 국민대회를 열어 임시정부를 조직하기도 하겠습니다.

다만 상하이의 사정을 알아보기 위해 한남수를 파견했는데…

서울에서 오셨소? 이미 임시정부는 수립되었소이다.

한남수는 부랴부랴 서울로 전보를 쳤다.

상해에 임시정부가 수립되었으니 국민대회를 중지하기 바람.

그런데 리더 격인 이규갑, 홍진 등이 학생들에게 국민대회 조직을 일임하고 상하이로 떠난 뒤여서

부탁하네.

연락이 닿지 않았다.

홍진씨 댁 맞죠? 전보입니다.

아, 네!

봉춘각

결국 국민대회는 4월 23일, 수십 명의 학생들에 의해 진행되었다.

국민대회

임시정부 선포문,

아 민족은 세계 만방에 대하여
조선이 독립국이오,
조선인이 자유민임을 선언하고
아울러 전 민족 의사에 따라
임시정부가 설립되었음을
자에 선포하노라…

약법 6조를 담은 전단이 뿌려졌다.

제1조 국체는 민주제를 채용함
제2조 정체는 대의제를 채용함
제3조 국시는 국민의 자유와 권리를 존중하고
　　　세계 평화의 행복을 증진하게 함
제4조 임시정부는 일체 내정, 일체 외교의
　　　권한을 가짐
…

그리고 전단은 정부 조직도 담고 있다.

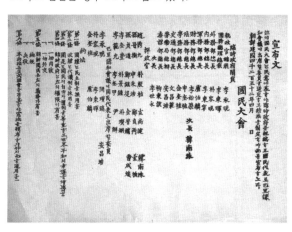

집정관총재 이승만
국무총리총재 이동휘
외무총장 박용만
내무총장 이동녕
군무총장 노백린
재무총장 이시영
법무총장 신규식
학무총장 김규식
교통총장 문창범
노동국총판 안창호
참모부총장 유동열
파리강화회의 대표 이승만, 민찬호,
안창호, 박용만, 이동휘, 김규식, 노백린

한성정부는 독립운동계에서
지명도가 높지 않은 이들에 의해
주도되긴 했지만

그래도
주도자의
한 사람인 저는
뒷날 임시정부
국무령까지
역임합니다.

홍진

상징성 있는 서울에서
조직되었고

당시 미국 최대 통신사인
UP통신에 보도되면서
상당한 권위를 갖게 된다.

이어 평북 선천과 의주 일대,
그리고

종로에도 또 다른
임시정부 선포문이
뿌려졌다.

신한민국정부로 명명한
정부의 내각 조직 구성은 다음과 같다.

집정관 이동휘, 국무총리 이승만,
내무부장 미정, 외무부장 박용만,
재정부장 이시영, 교통부장 문창범,
노동부장 안창호

비슷한 시기 조선국민대회, 조선자주당연합회
명의로 조선민주임시정부 조직 선포문, 장정 등이
뿌려지고 내각 구성도 공개되었다.

도령부
정도령 손병희, 부도령 이승만,
내각총무경 이승만, 외무경 민찬호,
내무경 김윤식, 군무경 노백린

이건 아무래도
천도교 계열에서
발표한 모양.

이 외에도 대한민간정부,
고려임시정부 등이 발표되지만

실체가 있는
정부라기보다는
전단 정부라
해야 할 것이다.

이건 저번에
본 거랑 다르네.

그치
근데 말야.

주목할 점은 하나같이 공화제를 지향하고
있다는 것.

집정관이나
국무총리 등을
내세우지
왕을 내세운 건
못 본 것 같아.

그러네.
이제 왕정은
완전히 끝난
모양이야.

또 한 가지 주목할 점은 어떤 세력이건 이승만을
첫째나 두 번째 지위에 두고 있다는 사실이다.

이승만, 손병희,
이동휘 세 분이
첫 자리에
거명되더군.

그 가운데서도
한 분을 들라면
단연 이승만
박사지.

이승만
박사···

이박사

미주 지역 운동이 상당히 활성화돼
있기는 했어도

대한인국민회 중앙총회

연해주나 만주 지역에 비해선 비중이 떨어졌다.

우리 지역엔
유명한 독립운동가도
많고 독립운동에
뛰어든 청년들도
많다네.

게다가 이승만은 박용만을 제치고
대한인국민회 하와이 지방총회를
장악하긴 했지만

바이.

미주 지역 운동 전체로 보면 조직적 지위나 활동 성과가
안창호에 비해 밀렸다.

미주 지역의
대표 선수는
안창호, 이승만,
박용만이고

그 가운데
한 사람을
꼽는다면
단연
안창호지.

그런데 어째서 이승만이
압도적으로 지지받는 상황이
펼쳐지게 됐을까?

파리강화회의와 민족자결주의가
주목받는 국제 정세 때문이다.

잘하면
열강들의 도움으로
독립을 이룰 수도.

지금
열강 중
최강은 미국!

미국과 얘기가
통할 인물이라야.

그렇다면 당근
이승만이지.

이미 십수 년 전에
미국 대통령과
면담한 바 있고

현 윌슨
대통령과도
가깝다며?

또 한 가지는 이 시기 독립운동의 세력 분포에서 찾아볼 수 있다. 실천적 계몽운동 출신들이 주류를 형성한 가운데

신교육을 배웠고

기독교도들이 대다수.

출신 지역별로는 이른바 기호파와

기호파는 서울, 경기, 충청 출신들을 말하고

주로 명문 양반가 출신들이기도.

서북파가 많았다.

서북파는 평안도 출신들을 이르죠.

당연히 왕조 시절 신분은 별로였고.

이들 기호파와 서북파는 곳곳에서 부딪혔다.

연해주에서 발생한 양성춘, 정순만의 죽음도 양 측의 대립이 부른 것이죠.

※ 1권 참조

기호파의 대표 인물은 이상설이었는데 세상을 뜨면서 이승만이 부상했고

이제는 나의 시간!

서북파의 대표 인물은 안창호였다.

이승만의 부상은 기호파가 서북파에 비해 다수파였다는 사정과도 관련된다.

우리가 주류 중의 주류.

기호파는 이후 상하이임시정부 안에서도 굳건한 이승만 지지 세력으로 남았다.

전단 정부가 아닌 본격적인 정부 수립 움직임은 상하이에서 벌어졌다.

상하이임시정부의 시작

상하이 독립운동 세력은 변화된 정세에 민감하게 대응해

파리강화회의 대표 파견,

대표의 활동을 제안하기 위한 대규모 대중운동의 전개를 제안했다.

제안은 전 민족적인 3·1혁명으로 꽃을 피웠다.

이들은 또한 출발부터 임시정부의 수립을 당연한 수순으로 생각했다.

대표파견 – 민족운동 – 임시정부– 독립 혹은 독립전쟁

만주로, 연해주로, 국내로, 일본으로
사람을 보내면서 상황을 주동적으로
이끌어오던 그들이

이제는 몰려드는 사람들을 맞이하느라 바빴다.
3·1혁명의 전개와 함께 각지의 독립운동가들이 상하이로,
상하이로 몰려들었다.

2·8 독립선언서를 기초하고
이를 알리러 건너온 이광수,

국내에서 온 홍진, 김구, 현순 등과

만주와 연해주에서 온 이동녕, 이시영, 조소앙,
김동삼 등…

3월 말 이들은 프랑스 조계 한 예배당에 모여
독립운동을 이끌어갈 최고 기관의 설립을 본격
논의하기 시작했다.

천천히 진행하자는 주장도 있었지만

국내 대표자들의 뜻을 기다려 본 뒤 결정해야.

이광수

현순

각지의 인사들이 상하이로 모여들면서
즉각 설립 주장이 지지를 얻었다.

자 그럼 바로 설립에 착수하는 것으로 하겠습니다.

그리하여 8인 위원회가
구성되었다.

이동녕, 이시영,
조소앙, 조성환,
이광, 현순,
신석우, 이광수
이상 8인입니다.

기관의 성격을 둘러싼
논쟁이 있었는데

당연히 정부 형태로 조직돼야겠죠?

아니죠.

당건설 주장보다

주권, 영토,
인민을 갖추지
못 했는데
정부 형식은
적절치 않습니다.

여운형

그렇습니다.
정당이 오히려
독립운동을
지휘하는데
효과적입니다.

이광수

정부 수립 주장이 다수였다.

나라를 빼앗긴 뒤
온 동포들이 정부의
출현을 기다리고
있습니다. 당연히
정부 형태가
돼야 합니다.

옳습니다.
그래야 권위를 갖고
독립운동을 효율적으로
지도할 수 있습니다.

맞습니다.
지지합니다.

4월 9일부터 본격적으로 정부 수립
논의에 들어갔다.

우선 각 지방
대표들을 뽑아
의회를
구성합시다.

의회 명칭은
임시의정원!

임시의정원이 구성되고

초대 의장엔
이동녕 선생~

짝 짝
짝

4월 11일 회의에선 국호가 논의, 결정되었다.

정체는
공화국인만큼
조선공화국이
어떻겠소?

고려공화국은?

대한민국을
추천합니다.

대한은 일본에게
망한 나라인데
굳이 쓸 필요가
있을까요?

여운형

아니, 오히려
그 때문이라도
더욱 대한을
국호로 쓸 필요가
있다고 봅니다.

빼앗긴 나라를
되찾는 의미가 있고
민국은 공화국을
의미하니 대한민국이
적절하지 않겠습니까?

대한으로
망한 나라,
대한으로
흥해보자구요.

신석우

좋습니다!

제청이오!

대~한민국
짝 짝 짝 짝 짝

관제는 신한민국정부 안을 참고했다.

다만
집정관제는
없애고
국무총리제로.

법무와
군무를
증설하고.

국무총리엔
이승만 박사를
추천합니다.

좋습니다.
동의합니다.

이의 있습니다.

이승만은
위임통치를
요청했다는
설이 있어
대표자가 되긴
곤란합니다.

신채호

신채호의 이의 제기로 후보들이 추가되고

이동녕 선생을 추천합니다.

안창호 선생을 추천합니다.

투표 끝에 이승만으로 결정되었다.

대한민국 임시정부 초대 임시 총리는 이승만 박사로 결정되었습니다.

짝 짝 짝

이어 각부 총장이 선출되었다.

국무총리 이승만

내무총장 안창호

외무총장 김규식

재무총장 최재형

법무총장 이시영

군무총장 이동휘

교통총장 문창범

연해주 3인 만주 1인 상해 1인 미주 2인.

다만 상하이에 들어와 있는 이가 이시영밖에 없어서

각부에 차장을 두어 우선 총장의 역할을 대신키로 하는 한편

비서장 조소앙, 내무차장 신익희, 외무차장 현순, 재무차장 이춘숙, 군무차장 조성환, 법무차장 남형우, 교통차장 선우혁.

법률을 전공한 이시영, 조소앙, 남형우, 신익희 등이 나서서 임시헌장 제정에 착수했다.

이윽고 대한민국임시정부 임시헌장이 제정되었다.

임시헌장

전문 : 신인 일치로 중외 협응하여 한성에 기의한 지 삼십유 일에 평화적 독립을 삼백여 주에 광복하고
국민의 신임으로 완전히 다시 조직한 임시정부는 항구한 자주독립의 복리로
아 자손 여민에 세전키 위하여 임시의정원의 결의로 임시헌장을 선포하노라.

제1조 대한민국은 민주공화제로 함
제2조 대한민국은 임시정부가 임시의정원의 결의에 의하여 이를 통치함
제3조 대한민국의 인민은 남녀의 귀천 및 빈부의 계급이 없고 일체 평등함
제4조 대한민국의 인민은 종교, 언론, 저작, 출판, 결사, 집회, 통신, 주소, 이전, 신체 및
　　　소유의 자유를 향유함
제5조 대한민국의 인민으로 공민 자격이 있는 자는 선거권 및 피선거권이 있음
제6조 대한민국의 인민은 교육, 납세 및 병역의 의무가 있음
제7조 대한민국은 신의 의사에 의하여 건국한 정신을 세계에 발휘하며 나아가
　　　인류 문화 및 평화에 공헌하기 위하여 국제연맹에 가입함
제8조 대한민국은 구황실을 우대함
제9조 생명형, 신체형, 공창제를 전폐함
제10조 임시정부는 국토 회복 후 만 일 년 내에 국회를 소집함

그렇게 3·1혁명의 기운을 받아 1919년 4월 11일 상하이에서 대한민국임시정부가 출범했다.

통합 임시정부로 가는 길

4월 25일, 임시의정원법이 통과되었다.

인구 30만 명에 의원 1인, 총 51인.

의원 임기는 3년,

제 2조, 대한민국은 임시정부가 임시의정원의 결의에 의하여 통치한다.

임시의정원 의원의 연령대별 분포를 보면 30대 > 20대 > 40대 순서였고

초대 국회는 얼라들 국회였네.

기독교가 많았다.

확인 가능한 37명 중에서 23명!

다음으로 대종교 11명.

지역별로는 상하이, 베이징 인사들과 국내에서 온 이들이 많았다.

상해, 북경 인사가 24명, 국내 인사 23명,

다음으로 일본 14명, 만주 12명 연해주 3명 미국 1명

51명이 넘는데?

확인된 초기 의정원 의원들 모두를 대상으로 한 데이터이다 보니…

유학 경험이 있거나 신교육을 받은 이가 대부분이었으며

신민회를 비롯한 실천적 계몽운동 출신들이 주류를 이루었다.

신민회 출신 18명,

3·1 관련 17명,

신한청년당 9명,

등등…

임시의정원이 가장 먼저 스스로 떠안은 과제는 여타 준(準)임시정부 조직들과의 통합.

통합을 이루어내야 명실상부한 대한민국 임시정부라 할 수 있소이다.

← 이동녕이 사흘 만에 사퇴하면서 임시의정원 의장에 선출된 손정도 목사

옳은 말씀. 그러지 않고선 전체 독립운동을 통일적으로 지휘할 수 없게 됩니다.

그렇다면 통합해야 할 대상은?

서울에서 조직된 한성정부, 연해주의 대한국민의회가 되겠죠.

한성 정부는 주요 구성원들이 이곳 상하이로 왔으니 사실상 해소된 셈이죠.

맞습니다. 결국 통합은 연해주와의 통합이라 해도 과언이 아닙니다.

대한국민의회

연해주와 북만주의 대표들이 모여 만든 대한국민의회는

대한국민의회!

김규식과는 별도로 윤해와 고창일을 파리강화회의에 대표로 파견했다.

또한 대한국민의회는

대한국민의회

70~80명의 의원을 두고 집행부도 구성해 스스로 재외 한인의 대표 기관이라 자임했으며,

의장 문창범
부의장 김철훈
서기 오창환

그리고 우리들 대부분은 이 일대에서 독립운동을 해온 사람들이지.

연해주와 간도 일대에 뿌리내린 한인들을 기반으로 했다.

독립군도 모집한다는데 내 나이가 많아 지원할 순 없고 군자금이라도 좀 보태야지.

나도 얼른 커서 독립군이 될 거야요.

그런 대한국민의회였기에 상하이임시정부 측으로선 그들과의 통합이 더없이 중요한 과제로 인식되었다.

임시정부

대한국민의회

대한국민의회 측도 상하이임시정부와의 통합에 동의하고 대표를 파견한다.

수고해주오.

1919년 5월 7일, 대한국민의회 대표 원세훈이 상하이로 들어왔다.

대한국민의회는 상해에서 임시정부가 출범했다는 소식을 듣고 즉각 통합의 방침을 세웠습니다.

적극 환영합니다.

우리대한국민의회와 상해의 임시의정원이 통합하고 임시정부는 노령에 두었으면 하는 게 우리의 안입니다.

임시정부를 노령에 두자고요?

물론 현재의 연해주는 문제가 있습니다. 시베리아 일대의 일본군이 완전히 철병한 이후에 임시정부를 그리로 옮기자는 것입니다.

정부를 노령 연해주로 옮기는 것은 곤란합니다. 이곳 상해는 사통팔달의 땅으로 우리 정부의 적극적인 외교 활동을 위해서도 이곳이 적당하다고 봅니다.

외교 활동도 물론 중요하지만 임시정부는 동포들에 의해 뒷받침돼야 하질 않겠습니까?

노령에는 수십만의 동포가 정착해 살고 있지만 이곳 상해는 얼마 되지 않는 것으로 압니다.

그렇긴 하나 지금은 어느 때보다도 외교가 중시되는 상황인데다 각계의 애국자들이 이곳 상해로 모여들고 있습니다.

양측의 의견은 좁혀지지 않았다.

상해!

연해주!

그렇게 통합 논의가 정체되었을 때 안창호가 상하이에 들어왔다.

처음 한 달간은 머물며 여러 의견을 듣고 상황을 파악하더니

내무총장 겸 국무총리 대리를
겸하면서 본격적인 활동에 나섰다.

미주 동포들의 성금인 대한인국민회 자금 2만 5,000달러를
내놓아 정부 청사부터 마련했다.

청사 앞에서
찍은 사진이오.

大韓民國臨時議政院第六回紀念攝影
大韓民國元年十月十七日

이즈음 또 하나의 문제는
이승만의 행보였다.

나는 신생
대한민국
정부의…

들자니 이승만 박사께서
대통령 명함을
사용하고 있답니다.
우리 의정원에선 이박사를
국무총리로 선출했을
뿐입니다.

뭔가
조치를…

이게 무슨 얘긴가?
1919년 3월 이전 이승만은 정한경과 함께
대한인국민회에서 선발한
파리강화회의 대표였다.

그러나 파리행은 끝내 좌절되었고

아 글쎄
일본 대사관의
허락을 받아오면
여권을 내준다니까.

이에 기자회견을 열어 위임통치 청원서를 공개하는 등의 활동으로

열강이 한국을 일본의 학정으로부터 벗어나게 하여 장래 완전한 독립을 보증하고 당분간은 한국을 국제연맹 통치 밑에 두게 할 것을 바라며…

존재감을 유지하고 있었다.

신문에 나왔네.

여러 정부 구성에 대한 소식들이 시차를 두고 하나둘 전해지기 시작한다. 처음 전해진 건 1919년 4월 4일 임시정부에서 대외 연락을 맡은 현순이 보내온 전보였다.

임시정부? 내가 국무경에?!

이 소식은 다음 날 〈신한민보〉에 보도되어 교민 사회에 퍼졌다.

新韓民報

만주에 있는 각 단체 대표들을 소집한 후 대한공화국 임시정부 내각을 조직하였습니다. 대통령 손병희, 부통령 박영효, 국무경 이승만, 내무경 안창호, 탁지경 윤현진, 법무경 남형우, 군무경 이동휘, 강화전권대사 김규식

오! 이승만 박사가 국무경에, 안창호 선생이 내무경에!

우리 대한인국민회 노력을 동포들이 알아주는군.

이 정부는 흔히 대한국민의회가 구성한 노령 정부로 알려져 있으나 사실과 다른 듯하다.

대한국민의회는 따로 내각을 구성해 발표한 바가 없고

천도교단 혹은 연해주나 간도 일대의 독립운동 세력에서 발표한 듯 보입니다.

심지어 대한국민의회 결성 소식은 20여 일 뒤에나 전해졌죠.

이승만은 곧바로 국무경 자격으로 활동하기 시작했다.

4월 7일, 국무경 자격으로 연합통신과 기자회견을 가졌으며,

4월 12일엔 역시 대한공화국 임시정부 국무경 명의로 윌슨 대통령과 프랑스 수상에게 공문을 보냈다.

파리강화회의에서 한국의 독립을 인정해주고 회의에 참석한 임시정부 대사들에게 발언권을 주실 것을 희망합니다.

4월 25일엔 대한공화국 임시사무소를 열었다.

대한공화국 임시사무소

그런데 이보다 앞선 4월 10일 현순에게서 새로운 전보가 왔다.

뭐야? 지난번 대한공화국 임시정부 수립 소식은 찾았었고, 상해에서 진짜 임시정부가 수립 중에 있다고?

그리고 내가 국무총리에 선출될 것이다? 나쁘진 않네.

이승만은 여전히 대한공화국 임시정부 국무경을 유지하면서 현순에게 거듭해서 이런 요구를 했다.

공채발행권과 신임장을 보내주기 바랍니다.

그러나 현순은 그에 대한 뚜렷한 답을 내놓지 않았다.

현순, 이 자는 뭐하는 자야? 자기 말만 하고 내 말엔 왜 답이 없어?

임시정부 설치가 있긴 한 거야?

상하이임시정부에서 정식으로 통보가 온 것은 5월 29일이었다.

리승만 각하,
4월 11일 림시국회가 회집하여 선거법에 의해 각하를 총리로 선거하였으니 조량하시오.

림시의회장 이동녕

이동녕 선배가 의장이라… 실체는 있는 모양이군.

이 역시 〈신한민보〉에 즉각 보도되어 이승만의 명성을 높였다.

와! 여기선 이박사가 No. 1이네.

여기서보다 타지역에선 더 알아주는 모양!

그러나 정작 이승만은 상하이 임시정부가 마뜩지 않았다.

공채 발행권 요청에 답도 주지 않고 …

얼마 전 전보에선 위임통치 제안에 대해 따지듯 물었었지… 맘에 안 들어.

그런 차에 더욱더 마음에 드는 한성정부 소식이 지인인 신흥우를 통해 전해졌다(5월 31일).

이거거든! 집정관! 프레지던트 (President)로 번역해도 되겠지?!

6월 들어 이승만은 대통령으로 행세하기 시작했다.

the Republic of Korea

President Syngman Rhee

한국의 대통령 이승만이올시다.

대통령 명의로 구한국의 조약국이었던 나라들에 대한공화국(the Republic of Korea)의 탄생을 알리는 서한을 보냈고

본인이 대통령으로 선출되었고 …

상하이엔 또 이런 전문을 보냈다.

대통령으로서 파리의 김규식, 이관용에게 신임장을 보냈고, 옛 수교국들에게 우리의 독립을 인정하라는 공문도 보냈소.

그리고 앞으로 외교 사무는 이곳 워싱턴에서 주관할 테니 혼선을 일으키지 마시오.

대통령 이승만

뭐지? 이 고압적인 태도는?

갑질의 느낌이…

보다 못한 안창호가 전보를 보냈다.

임시정부는 국무총리 제도이고 한성정부는 집정관 제도이니 어느 정부에도 대통령 직명이 없으므로 각하는 대통령이 아닙니다… 대통령 행세를 하시면 이는 헌법 위반이며 정부를 통일하는 신조를 배반하는 것이 되니 대통령 행세를 하지 마시오.

8월 25일 국무총리 대리 안창호

이승만은 이미 미국 언론에 보도돼 곤란하다며 대통령 직함을
양보할 수 없다는 단호한 입장을 보내왔다.

만일 우리끼리 떠들어
행동이 일치하지 못한 소문이 세상에 퍼지면
독립운동에 큰 방해가 있을 것이며
그 책임은 당신들에게 돌아갈 것이니
언급하지 마시오.

대통령 이승만

통합 문제도 풀리지 않고
있는데 우리가 선출한
지도자까지 이러니
· · ·

끄응~

이승만은 기묘하리만치 대통령이란
직함에 집착했다.

미국을 봐도 그렇고
민주의 국가에서의
수장은 역시
대통령이지.

집정관
= President
= 대통령

그리고 앞서 본 대로 한성정부에서 선출한
대통령(집정관)임을 내세우면서 오히려 상하이임시정부
위에 군림하는 모습을 보였다.

한성정부는
서울에서 조직됐고
국민대회를
통해 결성된
정통성 있는
정부니까!

상해정부야 · · ·
나를 받들어주면 좋고
그게 아니라면
무시해버리면
그만이지.

이승만이 집착한 또
한 가지는 재정권이다.

신임장과
국·공채 발행권을
보내달라고~

임시정부와 협의를 거치지도 않은 채
구미위원부를 설립한다.

파리위원부는
구미위원부 산하고,
임시정부의
외교사령탑은
이제 구미위원부가.

구미위원부
Korean Commission
to America
and Europe

그리고 미주 지역에서의
재정권을 구미위원부에
귀속시킨다.

앞으로
교민들의 애국 성금은
구미위원부가,
독립공채 발행도
구미위원부에서
독자적으로!

그동안 미주 지역 한인운동의 구심이었던 대한인국민회는 졸지에 그 기반을 잃고 만 것.

구미위원부

대한인국민회

연해주 대한국민의회와의 입장 차이,

상해!

연해주!

국무총리로 선출했는데 대통령임을 고집하며 멋대로 행보하는 정부 수반 이승만.

President Syngman Rhee

안창호는 한성정부를 활용해 상황을 돌파하기로 한다.

한성정부가 사실상 우리에게 흡수돼 실체는 없지만…

연해주와 상해에서 수립된 정부를 일체 해산하고 한성 정부를 내세워 돌파하자.

집정관만 대통령으로 이름을 바꾸면 이승만도 수용하겠지.

논란이 된 정부소재지는 우선 당분간은 상해에 두는 것으로 설득하자.

안창호는 현순을 연해주로 보내 설득했고

대한국민의회는 수용했다.

잘 알겠소. 조만간 상해에서 봅시다.

네, 그럼…

그리고 곧이어 총회를 열어 스스로를 해체했다.

통합 정부의 출범을 위하여 대국적으로 해체를…

이어 그간의 변화를 반영한 임시헌장 개정이 이루어진다.

개정보다는 거의 제정에 가깝다는.

이름도 '임시헌장'에서 '임시헌법'으로!

전문은 3·1 독립선언서의 내용을 첫 구절부터 따와 3·1혁명의 기초 위에서 임시정부가 수립되었음을 분명히 밝히고 있다.

임시헌법

전문
아 대한민국은 아국이 독립국임과
아민족이 자유민임을 선언하였도다.
차로써 세계 만방에 고하야 인류 평등의 대의를 극명하였으며,
차로써 자손만대에 고하야 민족자존의 정권을 영유케
하였도다…

과거형으로 써서 기정사실화!

독립선언서에선 '선언하노라' 임시헌법에선 '선언하였도다'.

전문에 이은 본문은 8장 58개 조로 이루어졌는데, 제1장은 총령,

제1장 총령
제1조 대한민국은 대한 인민으로 조직한다.
제2조 대한민국의 주권은 대한 인민 전체에 있다.
제3조 대한민국의 강토는 대한제국의 판도로
　　　한다.
제4조 대한민국의 인민은 일체 평등하다.
제5조 대한민국의 입법권은 의정원이, 행정권은
　　　국무원이, 사법권은 법원이 행사한다.
제6조 대한민국의 주권 행사는 헌법 규범 내에서
　　　임시대통령에게 전임한다.
제7조 대한민국은 구황실을 우대한다.

주권, 영토, 삼권분립이 잘 정리돼 있네.

깔끔하네요.

제 2장은 인민의 권리와 의무,
제 3장은 임시대통령,
제 4장은 임시의정원,
제 5장은 국무원,
제 6장은 법원,
제 7장은 제정에 대해 규정하고 있고요,

제8장에 보칙을 두었다.

제8장 보칙
제55조 본 임시헌법을 시행하여 국토 회복 후 1개년 내에
　　　임시대통령이 국회를 소집하되, 그 국회의 조직 및
　　　선거 방법은 임시의정원이 이를 정한다.
제56조 대한민국 헌법은 국회에서 제정하되 헌법이
　　　시행되기 전에는 본 임시헌법이 헌법과 동일한
　　　효력을 가진다.

독립 후 새 나라 건설의 기본 로드맵이 그려져 있다는.

개정 헌법의 권력 구조는 대통령제를 기본으로 하면서

대통령은 정부 수반으로서 관제, 관규 제정권, 군 통수권, 관리 임명권, 계엄포고권, 임시의정원 소집권 등 막강 권한.

암기를 따로 규정해놓지 않아 뒤에 문제가 되기도.

내각책임제적 요소를 가미한 모습이다.

임시대통령 선거, 국무원 등 임명 동의권, 강화, 조약 체결 동의권, 임시대통령과 국무원 탄핵권 등.

임시대통령 탄핵은 총원 5분의 4 이상 출석에 출석원 4분의 3 이상 찬성으로.

개정 헌법이 공포된 9월에 이동휘가 상하이로 들어왔고

어서 오세요.

뒤이어 대한국민의회 의장 문창범도 왔다.

먼길 오시느라 고생하셨습니다.

그런데…

아니, 약속이 다르잖소?

우리는 대한국민의회를 해체하고 왔는데 임시의정원은 어째서 그대로 있소이까?

눈가리고 아웅 아니오?

게다가 임시헌법까지! 이건 명백한 사기극이오!

상하이 측의 설득에도 문창범은 설득되지 않았다.

민의에 부합되지 않는 정부의 내각에는 참여할 수 없소이다.

벌떡

무…문선생!

문창범은 블라디보스토크로 돌아가 대한국민의회를
재건했다.

통합을 모색했던 안창호와 상하이 측
인사들로선 난감한 상황.

그런데 이동휘가 상하이에 남는다.

임정을
사회주의로
…

이동휘는 볼셰비키에 연대하는 한인사회당을 조직한 이래
문창범 등 대한국민의회 주류와 대립해오던 터였다.

파지지직

노령 정부와의 통합은
비록 실패했지만

이동휘 선생이 우리와
함께하기로 했으니
노령 세력과의 통합은
이루어진 것으로 봐도
되지 않겠습니까?

끄덕 끄덕

옳으신
말씀이외다.

이승만 각하도
통합안에
동의했으니
통합 정부 출범을
예정대로
진행시킵시다.

이듬해인 1920년 1월 3일, 마침내 국무총리 이동휘, 내무총장 이동녕, 법무총장 신규식, 재무총장 이시영이 취임하면서

임시정부는 비로소 제대로 된 모습을 갖추고 출범하게 된다.

그렇게 안창호는 임시정부의 통합을 위한 과도기 지도자로서의 역할을 잘 해냈다.

이제부터는 총리께서 대통령 각하와 함께 정부를 잘 이끌어 주십시오.

예, 그동안 애쓰셨습니다.

자리에 연연하지 않고 오직 임시정부의 성공을 위해 조정하고 협상한 결과라 하겠다.

통합 임시정부의 기틀을 마련해놓고 자신은 노동국 총판으로 물러나 앉았지.

무욕의 처세.

그런티, 자리에 욕심을 냈더라도 대통령은 힘들었을 거요. 서북 출신이어서.

원하던 대로 대통령이란 지위를 유지하게 된 이승만은 그대로 미국에 남아 대통령 업무를 보았다.

훗

대통령 리 승만

임시정부 조직과 활동

임시정부는 3·1혁명의 열광 속에서 탄생한 때문인지 포부가 컸다.

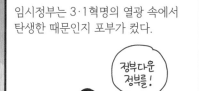

정부다운 정부를!

국내외 동포의 연락 기관으로 교통국을 두었는가 하면

부산의 백산상회, 영국인이 운영하는 안동의 이륭양행등이 지부 역할을 했습니다.

백산 상회

국내에 직접 행정력을 미칠 요량으로 연통제를 실시했다.

각도,군,면 단위까지 조직을 구축해 임시정부의 법령,공문을 알리고 애국금을 모으거나 독립군을 선발하는 창구로!

특파원을 보내 조직 구축에 나선 결과, 북부 지방엔 제법 조직이 구축됐었지.

안창호 주도로 이런 기관들이 설치될 때 양기탁은 다음과 같이 반대했다.

행정 기구를 둔다는 것은 많은 사람을 적의 감옥에 넣자는 얘기, 나는 반대요.

결과는 양기탁의 예측대로였다.

내 이럴것 같더라니 …

1919년 9월 평남에서
특파원이 체포된 것을
시작으로

12월엔 함북에서 관련자 54명이
검거되는 등

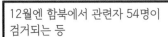

조직 파괴가 잇달았고
1921년 이후론 거의
무너지고 말았다.

재정에 대한 구상도 다양했지만
낭만적이었다.

연통제, 교통국을
통해 인구세,
애국금을 거두고

독립공채를
발행하고

차관을
들여오고…

이승만 서명

독립공채는 여러 종류가
발행되었는데 그나마
미국 교포들 사이에서
많이 팔렸습니다.

연리 6퍼센트
복리로 독립 후에
지급키로 했는데
이승만 정권은
지급을 거절,

1983년에야
일부가
지급됩니다.

내 사인이
딱—

임시정부는 출범부터 재정 부족에 시달렸다.

우리가 상해로
들어오면서 각자
갖고 온 자금과

국내 등지에서
보내 온 성금으로
그나마
운영되었는데
태부족이었죠.

임시정부가 모양을 갖출 수 있었던 것은
안창호가 가지고 온 대한인국민회 자금
덕이었다.

이때만 해도
내가 대한인국민회
총회장이어서
미주 동포들의
성금에 대한
집행력이 좀
있었지.

하지만 곧 바닥난다.

땡그랑…

연통제와 교통국 조직이 무너지면서 국내로부터의 자금 유입이 어려워졌다.

STOP!

그동안 숨통을 틔워주었던 미국 교민들의 성금도 이승만이 구미위원부를 세워 재정을 장악하게 되면서 지원액이 크게 줄어들었다.

1922년 4월까지 걷은 14만 8,000여 달러 가운데 임시정부로 송금된 금액은 20퍼센트가 채 안됐답니다.

여기서도 사무실 운영비랑 인건비랑 해서 쓸 데가 많아—

President Rhee

만주, 연해주 등지에선 성금은 물론 세금까지 상당히 걷혔지만,

나라를 되찾는데 써주십시오.

고맙습니다.

자체 독립군 육성과 신무기 구입에 쓰였다.

임시정부는 또한 경무국을 두었으며

밀정, 자객을 통한 분열 책동이나 요인 암살 기도를 저지하는 것이 주된 임무라오.

초대 경무국장 김구

정부의 기관지로 〈독립신문〉을 발행했다. 사장 겸 주필에 이광수, 편집국장엔 주요한.

처음엔 '독립'이란 제호로 발행되다가 〈독립신문〉으로 바뀌었죠.

이광수와 주요한이 떠난 뒤엔 박은식이 주필, 차이석이 편집국장을 맡았다.

박은식 선생 다음엔 나윤해가.

대한국민의회 파리강화회의 대표였던…

〈독립신문〉은 이후 재정이 열악해지면서 주 3회 발행에서 주 1회, 월 1회로 줄어들다가 1925년 9월, 189호로 폐간됐다.

〈독립신문〉은 독립사상을 고취하고 일제를 비판하는 논설과 각지의 독립운동 상황을 알리는 기사를 주로 실었습니다.

시대 상황으로 인해 초기의 임시정부가 외교론에 기울어 있던 것은 사실이나

파리 강화회의.

민족자결의 새 시대.

새로운 세계 질서.

무장투쟁론자들이 다수 참여하고 있었을 뿐만 아니라

싸워 물리치지 않고서 어떻게 독립을 이룬단 말인가?

이동휘

외교를 중시하던 이들도 독립 전쟁을 당연시하던 터였다.

안창호

현 단계에서 외교가 중요하지만 제대로 준비해 한판 독립전쟁을 벌여야!

그만큼 임시정부는 군사 문제를 중시했고 1920년 1월의 국무원 포고 제1호는 이렇게 천명하고 있다.

지금이 바로 전쟁을 일으킬 시기, 독립 전쟁을 위한 군대를 양성하고 조직에 참여하라.

!!

오호!

이어 임시정부는 독립 전쟁 준비를 위한 네 가지 방책을 내놓았다.

1. 제도와 법령을 마련하고
2. 국내에 군사주비단을 조직해 군사 조직을 결성하며
3. 육군 무관학교를 세워 군사간부를 양성하며
4. 직할부대를 조직하거나 기존 부대를 임시정부 산하로 직할시킬 것

실행을 위한 계획은 거창했다.

10만 명이 넘는 의용병을 조직하고 비행 부대를 편성하며 사관학교를 세워...

그러나 현실은 냉엄했다.

휘 잉!

국내에서 독립 전쟁을 수행할 조직으로 김석황 주도의 의용단이 만들어졌다.

의용단

김석황은 국내로 잠입해 평양과 서울에 지부를 설치해 군자금을 모집하다가

1920년 9월 펑톈(봉천)에서 일본 경찰과 교전 끝에 체포되고

의용단원 13명이 검거되면서 의용단은 사실상 와해되었다.

비행 부대 편성 노력은 미국에서 노백린에 의해 추진되었다.

이갑, 유동열과 함께 육사를 나온 그는

신민회 사건으로 옥고를 치르기도 했다.

하와이로 망명해 박용만과 함께 활동했으며

임시정부 군무총장에 선임된 후 미국으로 건너갔고 비행기에 주목했다.

일본이 육군과 해군은 강하지만 비행기는 아직 제대로 활용하지 못하고 있어.

독립전쟁을 승리로 이끌려면 비행 부대가 필요해.

교포 청년들 6명을 선발해 레드우드 민간인 비행학교에 들여보내고

잘 배우고 와서 비행사 양성소의 교관들이 되어주게.

비행학교 설립을 준비해갔다. 이때 벼농사로 크게 성공한 김종림이 후원자로 나선다.

늘 조국의 독립을 꿈꿔왔습니다. 선생의 뜻을 돕고 싶습니다.

김종림은 한인비행학교를 세울 부지를 임대해 제공하는가 하면

오, 감사!

훈련용 비행기도 구입했다.

또 감사!!

와!

비행술을 익힌 6명의 교관 아래

바로 이 사람들입니다.

노백린이 레드우드 비행학교를 찾아 함께 찍은 사진.
이 사진은 임시정부 〈독립신문〉에 소개되었다.

각지에서 모여든 열혈 청년들이 조국의 독립을 위해 비행사 훈련을 받았다.

학교 이름은?

윌로우스비행학교!

한인비행학교는 수십 명의 졸업생을 배출하면서 작지 않은 성과를 냈지만

독립전쟁이 벌어지면 동경을 쑥대밭으로!

독립 전쟁은 일어나지 않았고

독립전쟁? 꿈도 야무져라. ㅋㅋㅋ

동포들의 지원도 줄어들게 되면서 1924년 문을 닫았다

육군 무관학교를 설립했으나 1919~1920년에 걸쳐 43명의 졸업생을 배출하고 마감했다.

재정이 부족해서…

직할부대를 조직하는 일도 뜻대로 되지 않았다.

인력도, 재정도 모두 부족한데다 임시정부 내부의 문제가 좀…

대한민국 임시정부

다만 만주에서 조직된 여러 독립군 부대들의 지지를 얻어냈다.

마땅히 지지해야죠.

3·1혁명 후 만주, 연해주에선 독립군 부대들이 속속 만들어졌다.

제대로 규모를 갖춘 부대만 46개에 달했습니다.

大韓獨立

이 중 북로군정서, 서로군정서, 대한독립군 등이 임시정부 지지를 표명해 나섰고

원래 서로군정서와 북로군정서는 본래 ○○군정부로 출범하려다가 임시정부 지지의 의미를 담아 ○○군정서로 바꿔 조직됐습니다.

특히 대한광복군 총영은 임시정부 직속의 부대임을 자처했다.

대한민국 임시정부

대한광복군 총영

다만 이들 부대의 군사 활동은 임시정부와 무관하게 거의 독자적으로 진행되었다.

임시정부와 외교

기대를 안겨주었던
외교의 길은

外交

아!

험난했다. 대한국민의회 대표로
파견된 윤해와 고창일은

러시아 내전으로 인해
고생고생하며

9월에야 겨우 파리에 다다를 수 있었다.
그런데 파리강화회의는 사실상 끝난 상황이었다.

이미 6월에 연합국과
독일 사이에 베르사유조약이
체결되었다오.

앞서 본 대로 미국 지역 대표인 이승만,
정한경은 비자조차 받지 못했고

NO!

김규식만이 3·1혁명이 한창 진행 중이던 3월 13일,
파리에 도착할 수 있었다.

한국민 대표관을 개설하고 본격적인
독립 외교 활동에 들어가는데

마침 상하이에 임시정부가 수립되어 외무총장 겸
강화회의 대표위원의 직함을 받을 수 있었다.

대한민국
임시정부
외무총장
김규식입니다.

사무실도 이름이 바뀌었다.

대한민국
임시정부
파리위원부

파리위원부에 통신국을
병설하고 회보를 발행해
각국 대표들과 언론사들에
배포하는 한편

유창한 외국어 실력으로 각국 대표들을 만나
한국의 상황을 전하고 독립에 대한
지지를 호소했다.

그러나 일본 측의 방해와

임시정부는 무슨?
하하. 99파센트
조선인은 총독부를
지지하고
있습니다.

열강의 비협조로 한국 문제는 강화회의 의제로
상정조차 될 수 없었다.

실망한 김규식을

이승만이 불렀다.
1919년 8월 김규식은 미국으로 건너갔고

잘 오셨소이다.
이 곳에서
구미위원부를 맡아
힘써 주세요.

1921년 1월
상하이로
되돌아올 때까지
구미위원부
위원장으로서
미국에서
외교 활동을
벌였다.

미국에서의 →
이승만과 김규식

김규식이 떠난 후
파리위원부는
부위원장이었던 이관용이
맡아 유럽을 상대로
외교 활동을 벌였다.

정미칠적인 자작 이재곤의 아들로
취리히대학에서 유학하던 중
김규식의 파리위원부에
합류한 인물.

그는 상하이에서 온
조소앙과 함께
의미 있는 성과를 낸다.

1920년 7월 제네바에서 열린 만국사회당대회에 참석해

독립 승인 등 코리아 대표가 제기한 3개항 결의안이···

가결되었음을 선포합니다.

한국의 독립에 대한 지지 결의안을 통과시키고 상하이의 한국 임시정부 승인을 이끌어낸 것.

그래도 국제대회에서 거둔 첫 성과죠.

이관용이 학업 지속을 위해 사임하자

박사 과정을 마무리해야 해서···

서기장이던 황기환이 위원장 대리로 활동을 이어갔다.

〈자유한국〉이란 월간지를 발간해 한국을 알렸고

La Corée Libre

DÉCLARATION

영국에서도 열심히 활동해 1920년 10월에는 국회의원 17명을 비롯해 저명인사 60여 명을 규합해 대영제국 한국친우회를 조직했다.

대영제국 한국친우회
UK The League of Friend of Korea

또 1921년엔 영국 의회에 일본의 침략과 제암리 학살, 대륙 팽창 야욕을 비판하는 글을 제출해 한국 문제에 대한 관심을 제고했다.

임시정부가 논란을 거쳐 통합 임시정부를 출범시키고

정식으로 이승만을 대통령으로 선출하면서

구미위원부도 임시정부 기관으로 공식화되었다.

파리강화회의가 한국 문제를 외면하고

미국 정부 역시 무시로 일관하자

이승만과 구미위원부는 미국 내에서 한국 문제에 대한 관심을 끌어올리기 위한 활동을 벌여나갔다.

미국 내 저명인사들을 중심으로 한국친우회를 조직하고

미국 의회에서 한국 문제가 논의되도록 애썼다. 한국친우회 부회장인 노리스 의원을 통해 한국 관련 청원서를 의회에 제출했다.

구미위원부가 거둔 최대 성과는 1920년 3월 17일 미국 의회에 아일랜드 독립안과 함께 한국 독립안이 상정되도록 한 것이다.

아일랜드 독립안 통과!

한국 독립안 찬34: 반36으로 부결!

구미위원부는 또한 순회강연,

한국독립 문제에 대해

책자 발간 등으로 미국민들 속에 한국에 대한 관심을 일으켜 나갔다.

KOREA REVIEW

그 결과 미국 언론에 한국에 대한 동정적인 기사가 자주 실릴 수 있었다.

TIMES

1921년 11월에 열린 워싱턴회의에 한국 문제를 상정시키기 위해서도 많은 노력을 기울였다.

실패로 끝났지만.

중국을 향한 외교 노력도 있었다. 이때 중국은 베이징과 광둥 정부로 나뉜 상태.

북경정부는 군벌들끼리 쟁탈전 상태,

광둥에선 쑨원이 광둥정부를 세웠으나 장악 못함.

1921년 10월 외무총장 신규식은

우리의 교섭 대상은 지리적으로 보나 이념적으로 보나 아무래도 광둥정부.

광둥정부 수반 쑨원을 만나 5개 항을 요구했고

1. 우리 대한민국 임시정부는 귀 정부를 중국 정통의 정부로 인정합니다.
2. 귀 정부도 우리 정부를 승인해줄 것을 요청합니다.
3. 우리 한인 학생의 군관학교 입교를 허락해 주고
4. 차관 500만 원을 차관해 주고
5. 조차지대를 허락해 독립군을 양성할 수 있도록 해주었으면 합니다.

몇 가지 성과를 얻어냈다.

음… 대한민국 임시정부를 승인합니다.

군관학교 입교도 허용하겠소.

하지만 차관과 조차지 허용은 곤란합니다.

아쉬움이 없지 않지만 우리 정부를 승인해준 데 대해 우선 감사드립니다.

한편 한인사회당 당수이기도 한 국무총리 이동휘는 볼셰비키 정부와의 교섭을 강조했고

우리의 독립을 지지하고 도움을 줄 수 있는 열강은 볼셰비키 러시아밖에 없습니다.

임시정부가 받아들이면서 모스크바와의 외교에도 관심을 기울였다.

도움이 된다면야 찬성!

요 얘기는 조금 뒤에…

이르쿠츠크파 창당대회 개최지
이르쿠츠크에서는 박승만, 김철훈, 박알렉세이 등을 중심으로
한인공산당이 조직되는데 이후 코민테른의 적극적 지원을 받는다.

이동휘
이동휘는 대한민국
임시정부 국무총리로서
러시아와의 외교 필요성을
설득하여 모스크바에
특사를 파견했고,
상하이에서 한국공산당을
출범시켰다.

우리는		원불교 창시		대동단결선언 발표	
세계는	**1916**	위안스카이 사망	**1917**	러시아혁명	**1918**

제6장

그 밖의 이야기

유림은 고종의 5남 의친왕 이강을 고문으로 한 조선민족대동단을 결성하고,
여운형은 도쿄의 제국호텔에서 독립의 당위성을 주장하는 연설을 해
일본의 간담을 서늘케 한다.
한편 상하이파와 이르쿠츠크파 사회주의자들은
노선상의 차이와 해묵은 감정을 드러내며 갈등하게 된다.

이르쿠츠크

상하이

김창숙

유림들은 파리강화회의에
독립 의지를 밝힌 장서를
보내기로 하고 김창숙을
대표로 선발해 상하이로
파견했으며, 김창숙은
이를 다시 이미 파리에
파견된 김규식에게 보냈다.

신한청년당 결성	1919	대한광복군 정부 수립	1920	대한광복회 조직
제1차 세계대전 종결		제1차 세계대전 발발		21개조 조인

1919년의 다른 일들

유림은 3·1혁명의
물결에 크게 놀랐고

곳곳에서 적극 참여했다.

특히 고종의 국장을 보러 상경했던
유림들은 귀향해서는 앞장서 만세운동을
이끌었다.

그러나 뜻있는 많은 이들은
부끄러움을 느꼈고

이 나라는 예로부터
유교의 나라인데
민족대표 명단에
유학자들의 이름이
빠지고 말았으니

선현들 앞에
고개를 들수
없습니다.

이를 만회할
실천을
모색했다.

파리강화회의에
우리 유림도
대표를 보내
독립을 바라는
우리의 확고한 뜻을
알립시다.

그게 좋겠소.

영남 유림은
영수 격인 곽종석과 그의 제자
김창숙을 중심으로
뜻을 모아갔고

호서 지역의 유림은 김복한을
중심으로 같은 작업을 벌여나갔다.

서로의 움직임을
확인한 양측은

이심전심이었습니다.

덥석

유림들의 서명을 받은 장서를
파리에 보내기로 합의했다.

곽종석 선생이
지은 초안으로.

장서를 가져갈 대표로는 김창숙이
선발되었다.

정통 유림으로서
을사오적을 참하라는
소를 올렸던 그는

국채보상운동, 민족 교육운동 등
계몽운동에도 참여했다.

단연, 단주로
나라빚을 갚자

강제 병합 후엔 물러나
학문 연구에 몰두하며 독립운동의
길을 모색해오던 터.

상하이로 온 그는 파리행이 쉽지
않다고 판단했고,

경비도
경비인데다
김규식 대표는
이미 떠난
상황…

장서를 파리의 김규식과
국내의 여러 향교에
보냈다.

총독부는 발끈했고

몽땅 잡아들엿!

관련자들을 대거 잡아들이니 바로 파리장서사건이다.

74세의 고령으로 참여했던 곽종석은 옥고를 치르던 중 병이 깊어

쿨럭 쿨럭

병보석으로 나왔으나 이내 세상을 떴다.

할아버지—

스승님—

호서 유림의 대표 격이었던 김복한을 비롯해

나는 이미 을미의병, 을사의병으로 두 차례 옥살이를 했었지. 이것으로 별 3개.

관련된 유학자들 다수가 옥고를 치러야 했다.

김창숙은 중국에 남아 항일투쟁을 이어갔다.

1919년 4월, 옛 일진회 회원이었던 전협, 최익환은 40여 명의 동지를 비밀리에 규합해 조선민족대동단(대동단)을 결성한다.

조선민족대동단

이들은 김가진을 총재로,

고종의 5남인 의친왕 이강을 고문으로 삼았다.

김가진은 지체 없이 총재직을 수락하고 대동단의 결정에 따라

그러세.

아들 김의한과 함께 상하이로 망명한다.

이듬해인 1920년엔 며느리인 정정화까지 상하이로 갔다.

대동단은 또한 이강의 망명도 계획한다.

1919년 11월, 이강은 변장을 하고 대동단 단원들과 안동행 열차를 탔는데

이강이 사라진 것을 일본 경찰이 알아챘고

이강공 어디 갔소? 앙?

비상이 걸렸다.

이강을 찾아내!

결국 이강은 안동역에서 체포되어 서울로 돌아와야 했다.

망명이 좌절된 후 그가 임시정부에 보낸 편지가 중국의 〈민국일보〉에 소개되어 반향을 일으키기도 했다.

나는 차라리 자유 한국의 한 백성이 될지언정 일본 정부의 한 친왕이 되기를 원치 않는다는 것을 우리 한인들에게 표시하고 아울러 한국 임시정부에 참여해 몸바치기를 원한다.

호!~

김가진은 임시정부의 고문을 맡는 등 활동을 이어가다

1922년 상하이에서 눈을 감았다.

아들 김의한과 며느리 정정화는 상하이에 남아 독립운동을 이어갔다.

이강의 망명 기도 사건에 충격을 받은 일제는 관련자들에 대한 일제 검거에 나섰다.

간부들 수십 명이 체포되어 실형을 선고받으면서 대동단은 사실상 와해되었다.

결성을 주도했던 전협은 8년 형을 선고받고 복역하다 병을 얻어

형기를 1년여 앞두고 출소했으나 세상을 떴다

6년 형을 선고받은 최익환은

출소 후에도 신간회에 적극 참여하는 등 독립운동을 이어갔다.

3·1혁명과 임시정부의 설계자라 할 여운형은

임시정부 수립 과정에선 주류 인사들과 생각이 많이 달랐다.

정부보다는 당을…

대한은 망한 나라 이름…

구황실 우대 반대.

정부로!

대한민국 찬성!

구황실 우대!

임시의정원 의원이자 외무부 위원으로 잠시 활동했지만 임시정부 안에서의 위상은 높지 않았다.

정부 수립 초기에 차장제가 위원제로 바뀌면서 현순, 이광수 등과 함께 외무위원이 되었지.

참고로 외무위원은 모두 6명.

도리어 일본이 그를 주목했다.

똑똑하고 말이 통할 듯.

흠…

제암리 교회 건 등으로 문제 제기가 많은데 기독교인 이 친구를 불러다 환대하면 영미 기독교 사회에다 할 말도 있고,

덤으로 임시정부 내부를 분열시킬 수 있으면 더욱 좋고,

여운형이 일본에게서 초대장을 받아 들자

이런 게 왔습니다. 어찌 할까요?

반응은 엇갈렸다.

다녀 오세요. 우리의 주장을 전할 찬스입니다.

안창호

이광수

절대 반대요. 저들에게 이용만 당하게 될 거요.

일본을 방문한다면 민족의 수치로 기록될 것이외다.

신채호

이동휘

반대 주장이 더 컸지만 여운형은 일본행 배에 몸을 실었다.

일본 측은 그를 융숭히 대접했고

歡 呂運亨先生 迎

고위층 인사들과의 면담도 잇따라 가질 수 있었다.

육군 대신 다나카 기이치와의 만남.

독립을 향한 저항은 강대한 일본군 앞에선 무의미한 일이오. 조선은 자치를 목표로 일본과 제휴하는 것이 현명한 길이라 사료되는데 어떻소?

조선인들의 저항을 가벼이 여긴다면 인류 정의에 충돌해 일본은 필망할 것이오.

부들

조선총독부 정무총감 미즈노 렌타로와의 만남.

좔좔논리정연 ~~

조선을 독립시킬 자신이 있소이까?

조선을 통치할 자신은 있소이까?

어느 만남에서건 녹록지 않은 모습을 보였다.

물건이네.

이어 제국호텔에선 내외신 기자들과 지식인들 앞에서 조선 독립의 당위성을 주장하는 연설을 해서

… 일본인에겐 생존권이 있는데 우리 한민족 만이 홀로 생존권이 없을 수 있겠습니까? 일본인에게 생존권이 있다는 것은 한국인이 인정하는 바요, 한국인이 민족적 자각으로 자유와 평등을 요구하는 것은 신이 허락하는 바입니다. 일본 정부는 이것을 방해할 무슨 권리가 있습니까?
세계는 약소민족 해방, 부인해방, 노동자해방 등 세계 개조를 부르짖고 있습니다. 이것은 일본을 포함한 세계적 운동입니다. 한국의 독립운동은 세계의 대세요, 신의 뜻이요, 한민족의 각성입니다.

참석자들의 갈채를 이끌어냈다.

논리적이고 감동적인 명 연설이네.

일본의 심장부에서 조선독립을 주장하는 연설을 듣게 되다니 …

그의 연설은 〈마이니치 신문〉 등에 상세히 소개되었고

새벽에 어느 집에서 닭이 울면 이웃 집 닭이 따라 우는 것은 다른 닭이 운다고 우는 것이 아니고 때가 와서 우는 것입니다. 때가 와서 생존권이 양심적으로 발작된 것이 조선의 독립운동입니다. 결코 민족자결주의에 도취된 것이 아닙니다.

설득되네.

이를 받아 임시정부 〈독립신문〉도 대서특필했다.

여운형 씨의 제국호텔 연설은 독립운동사에 유례가 없는 일

獨立新聞

일본 측의 기도는 실패로 돌아갔고

누구야? 여운형을 불러들여 판을 깔아준 자가.

망신망신 개망신 관련자들 전원 문책해라!

여운형은 환호 속에 상하이로 돌아올 수 있었다.

수고 많았소. 참 장한 일을 하셨소이다.

장하다! 여운

35년

상하이파와 이르쿠츠크파

백위군이 하바롭스크를 장악하면서

가까스로 탈출한 이동휘 등 한인사회당은

1919년 4월 연해주 삼림 속에서 제2차 당대회를 연다.

그들의 현실 인식과 결정은 이러했다.

파리강화회의는 열강들 간의 질서를 재조정하고 세계질서를 재편하려고 소집한 회의.

우리 문제는 논의되지도 않을 것이므로 회의 참가는 부질없는 짓!

우리는 볼셰비키가 이끄는 러시아와 협력하고 새로 결성될 제3 인터내셔널 (코민테른)에 참가한다.

박진순, 이한영, 박애를 코민테른과의 교섭을 담당할 대표자로 선출해 파견하고

6월엔 간부회의를 열어 상하이임시정부에의 참여를 결정한다.

이동휘
국무총리

김립
비서장

또한 연해주 정세의 급변으로 아무르주로 피신한 한인사회당 인사들이 현지 한인 사회주의자들과 한인공산당을 조직하는 등 한인이 있는 곳곳에서 사회주의자 조직들이 만들어졌다.

박진순, 이한영, 박애는 내전의 현장을 지나

1919년 11월에야 모스크바에 입성할 수 있었다.

박진순은

우리는 고려인, 한인사회당 특사로 코민테른에 가입하러 왔습니다. 아울러

러시아 정부 외무인민위원부와 교섭해

동아시아에 사회주의 관련 서적 출판과 선전사무국 설립을 위한 자금을 지원해 주셨으면 합니다.

흠… 잘 알겠소.

400만 루블을 제공받는다.

박애와 이한영은 자금을 가지고 떠나고

박진순은 모스크바에 남았다.

상하이에서 이동휘는 임시정부의 미국 중심 외교론을 비판해 독립전쟁론을 설파하는 한편,

파리 강화회의 결과는 예정된 일이었습니다. 독립은 결국 왜놈들과의 전쟁을 통해서만 가능합니다.

볼셰비키 러시아와의 외교 필요성을 설득했다.

우리의 독립을 지지하고 도움을 줄 수 있는 열강은 볼셰비키 러시아밖에 없습니다.

미국은 일본과 같은 제국주의 나라일 뿐.

임시정부가 동의하면서 국무총리 이동휘는 한인사회당원인 한형권을 임시정부 특사로 모스크바에 보냈다.

박진순이 그를 맞았다.

임시정부의 대표와 당 대표가
같이 움직이자 교섭력은
강화되었다.

대한민국
임시정부의
대표 입니다.

한형권은 러시아 정부에
다음의 네 가지를 요청했다.

1. 대한민국 임시정부 승인,
2. 한국 독립군에 무기와 장비 지원,
3. 시베리아에 한국군 사관학교 설립,
4. 혁명운동 자금지원,
   이상 네가지를 희망합니다.

러시아 정부의 태도는 상당히
우호적이었다.

금화 200만 루블을
혁명운동 자금으로
지원하겠소.

나머지 요구도 상당히 수용하는 비밀 군사협정
(대일한로공수동맹)도 체결했다.

시베리아에 임시정부의
주둔과 독립군 양성 지원,
무기, 탄약 공급…

박진순은 또한 제2차 코민테른 대회에 대표 자격으로
참석해 연설했고

대회 마지막 날엔 26명의 코민테른
집행위원 중 한 사람으로 선출되었다.

짝 짝 짝

또한 동양 공산당 조직 전권을
요구해 승인받았다(1920년 7월).

동양공산당
조직 전권대사.

그리고 이 대회에서 코민테른은
관련해 몇 가지 결정을 더 내린다.

이르쿠츠크의
러시아공산당 시베리아국
산하에 동양국 결성!

상해에서
활동하는
동양비서북
정식 승인.

태극기가
보임

동양에서의 공산당 확대와 관련한 이런 결정들은
오래지 않아 혼선을 낳고 심각한 갈등을 가져온다.

그러면
동양에서의
공산당 조직
사령탑은
누가 되지?

박진순?
동양국?
동양비서북?

글쎄 …
다들 열심히
조직하다보면
어찌 되지
않을까?

그사이 상하이에선 한국공산당이 출범했다.

한국공산당

와!   와!

코민테른 동양비서부 책임자
보이친스키가

중국공산당
창당의
산파이기도
하지.

공산주의 세력 확대를 위해 이동휘를 만나 권유한 데
따른 것이다.

보다 많은
이들을 모아
한국공산당을
조직하는 게
…

좋소.

그렇게 1920년 5월, 한인사회당을 근간으로 여운형, 김만겸, 안병찬 등이 참여한 한국공산당이 만들어졌다.

곧 이어 조완구, 신채호, 선우혁, 윤기섭 등도 가입했다오.

러시아사회민주노동당이 1918년에 러시아공산당으로 바뀌면서 이후 각국의 사회주의 정당들은 대개 공산당이란 이름을 갖게 됩니다.

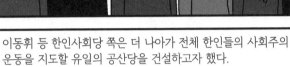

이동휘 등 한인사회당 쪽은 더 나아가 전체 한인들의 사회주의 운동을 지도할 유일의 공산당을 건설하고자 했다.

그런 사명을 띤 전권위원의 자격으로 김립과 계봉우가 러시아로 들어갔다.

그러려면 노령의 동지들을 하나로 모아야 하오.

뿐만아니라 이르쿠츠크에서도 공산당이 조직되었다는데 이들과도 힘을 합쳐야 하고.

이렇듯 이동휘와 한인사회당 세력의 활약은 눈부셨다.

반면 문창범이 이끄는 대한국민의회 측은 초라했다.

문창범은 함경도 출신으로 어려서 부모와 함께 연해주로 건너왔다.

최재형처럼 그도 러시아 군대 납품으로 돈을 벌었다.

민족학교 설립 등 한인들을 위한 사업에 앞장서고

권업회를 비롯한 한인 단체 활동에 적극 참여하면서 명성이 차차 높아졌다.

문창범

열심이고 지도력도 짱!

이즈음엔 최재형의 뒤를 이어 원호 한인들의 리더로 떠올랐고

전로한족회의를 주도하면서 대한국민의회 의장에 선출됐다.

볼셰비키를 대하는 입장 등을 둘러싸고 한인사회당의 이동휘와는 대립해온 터,

상하이임시정부와의 통합은 도저히 수용할 수 없었다.

서로 해체하기로 해서 우리는 해체했는데 상해는 개조에 그쳤어. 그러곤 교통총장이나 맡으라고?

약속 위반에다 우리에 대한 중대모독이야.

상하이임시정부를 반대해왔던 이동휘는 입장을 바꿔 지지를 선언하고 국무총리가 되었다.

일제의 강압 아래 민족부르주아지는 혁명성을 갖게 마련. 우리는 당면 목표인 민족해방을 위해 민족주의자들과 협력한다.

그는 이동휘와 한인사회당 측의 설명을 신뢰할 수 없었다.

흥!~ 국무총리 자리가 탐난 거겠지.

더러운 배신자!

돌아가는 길에 베이징에 들러 신채호와 박용만을 만난 것이 작은 위로가 되어주었다.

잘 생각하셨소이다. 상해의 임정에 참여하는 것은 한심한 일이외다.

대통령이란 작자가 위임통치를 주창했다잖소?

이승만 그자는 믿을 수 없는 인물입니다.

연해주로 돌아와 대한국민의회를 재건했지만 규모는 크게 축소되었다.

북간도 인사들이 상해 임정에 참여키로 했고…♪

이동휘가 편지해서 임정 참여를 꼬셨지.

대한국민의회재건

게다가 때마침 연해주의 정세가 다시 요동쳤다.

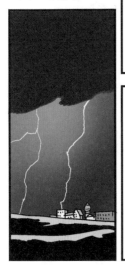

백위파를 몰아내고 일대를 장악한 빨치산 세력은 니콜라옙스크 항구에 주둔하고 있는 일본군을 공격해

니콜라옙스크

사할린

하바롭스크

블라디보스토크

치열한 전투 끝에 승리를 거두었다.

박일리야가 이끄는 한인 빨치산 부대도 상당수 참전했다.

일본군 수비대장이
죽고,

일본영사관, 일본 상점들이
불탔으며,

다수의 일본군, 일본인들이 포로로 붙잡혔다.

일본군이 구원 부대를 파견하자

트라피친이 이끄는 빨치산
부대는 철수하면서 일본군
포로와 민간인들은 물론

백위파를 지지했던 러시아인
수천 명을 학살했다(니항사건,
니콜라옙스크 사건).

일본은 이를 구실로 대대적인
보복 작전에 나선다.

특히 일본군이 보복 대상으로 삼은 쪽은
바로 한인들.

볼셰비키가 승리하고
무기를 지원받자 아주
기세등등해졌어.

조선반도에
나쁜 영향을
끼치지 못하게
짓밟아버려야!

만나는 한인들을
닥치는 대로 구타,
체포, 사살했으며

한인들은
모두 잠재적
빨치산들!

가옥은 불태웠다
(4월 참변, 연해주 참변).

이때 한인 사회의 지도자들도
여럿 희생되었다.

원호로서 모든 한인들의
존경을 받았던 최재형도
이때 최후를 맞았다.

한인으로서의 정체성을 잃지 않고 자신의 모든 것을
항일과 한인 사회의 발전에 바친 그다.

블라디보스토크와 우수리스크를 중심으로
활동해왔던 대한국민의회도 일본군의 폭압 앞에
연해주를 떠나야 했다.

옮겨간 곳은
적군이 장악한
아무르주의 주도
블라고베셴스크.

블라고베셴스크
하바롭스크
하얼빈
창춘
블라디
보스토크

블라고베셴스크에서는
최태일, 장도정, 오성묵 등이
한인공산당을 결성하고

러시아 공산당과의
밀접한 관계 속에서
활동하고 있었다.

러시아공산당
아무르주위원회
한인부를 겸하도록
하시오.

좋습니다.

대한국민의회 측은 어쩔 수 없이
그들과 협조해야 했다.

이곳에서 멀지 않은 도시
알렉세옙스크
(일명 자유시, 현 스보보드니)는
사정이 달랐다.

자유시

블라고베셴스크

최고려, 이훈 등이 아무르주 한인대회를 소집해
아무르주 한인의회를 결성하고

아무르주 한인대회

중앙

군사 학무 외무 노동

한인들의
자치기구.

500명 규모의 무장 부대도 조직했다.

이름하여
자유대대!

이들은 친(親)대한국민의회 경향이었다.

대세는 공산주의가
맞지만 아직은 좀…
대한국민의회가
한인들의 대표가
돼야.

대한국민의회 측은 자유시로 옮겨 왔다.
아무르주 한인의회는 그들을 환영했고,

생각지도 못한 선물까지 안겨주었다.

우리는 대한국민의회를
해외 한인의 정부 기관으로
인정합니다.
그리고…

!

위축되어가던 대한국민의회가
다시 힘을 얻었다.

자유대대의
지휘권을
대한국민의회에
넘기겠습니다.

아!…

착착착…

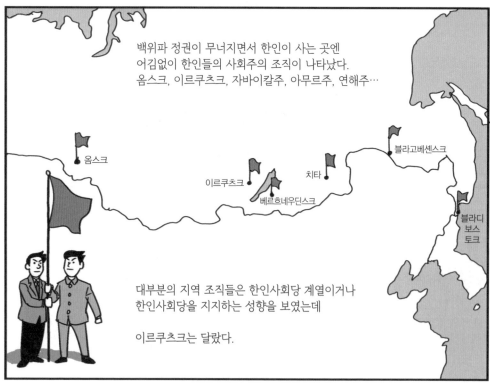

백위파 정권이 무너지면서 한인이 사는 곳엔
어김없이 한인들의 사회주의 조직이 나타났다.
옴스크, 이르쿠츠크, 자바이칼주, 아무르주, 연해주…

옴스크

이르쿠츠크

베르흐네우딘스크

치타

블라고베센스크

블라디
보스
토크

대부분의 지역 조직들은 한인사회당 계열이거나
한인사회당을 지지하는 성향을 보였는데

이르쿠츠크는 달랐다.

1920년 초, 이르쿠츠크의 사회주의자들은
한인공산당과 무장 부대를 조직했다.

의장 박승만 외, 박알렉세이, 남만춘, 김철훈 등이
집행부를 구성했다.

러시아공산당
이르쿠츠크위원회
민족별 지부에
편재되었소.

김철훈?

응

김철훈은 1년 전 대한국민의회
부의장으로 뽑혔던 바로 그다.

당원이라봐야 후보 당원까지
합해 백수십 명에

이 일대에
사는 한인들이
많지 않아서
…

무장 부대도 수십 명 수준.

고려특립중대로
불렸다오.

중대장
박알렉세이

바이칼 동부 지역과 비교하면 작은 조직이다.

우린 후보당원 포함해
당원 수가 1,500명,
무장부대는 400명.

우린 당원 수만
200명.

연해주
한족공산당

아무르주
한인공산당

규모는 작았지만 그들은 자신들이
한인 사회주의 운동을 이끌어야 한다고
생각했다.

한인사회당?
임시정부에 참여해
자본가와 손잡은
집단 아닌가?

그런 엉터리
사회주의자들에게
사회주의 운동을
맡길 순 없지.

그들은 재러시아 한인 사회주의 단체 대표자회의를 발기한다.

그리하여 1920년 7월 이르쿠츠크에서 전로한인공산당 대표자회의가 열린다. 6개 단체 대표 12명이 참석한 초라한 대회였지만,

모스크바에서 돌아오다 얼떨결에 참석한 박애, 이한영

러시아 공산당, 코민테른 측에서 축사를 하면서 회의에 제법 무게가 실렸다.

우린 괜히 들러리만 서준 꼴이 됐네요.

글게 말임다.

대회는 이한영, 박애의 반대를 무시하고 다수의 뜻에 따라 전로한인공산당 중앙총회를 구성한다.

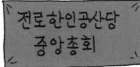

전로한인공산당 중앙총회

의장엔 대회 진행을 맡아 본 33세의 이성.

그런데 조직 사업을 벌이려 해도 일꾼이 절대적으로 부족한 형편.

사회주의자라고 부를만한 이들이 너무 적어.

그러나 그들에겐 믿는 구석이 있었다. 러시아 공산당 시베리아위원회 산하 동양국이다.

우리는 동아시아 사회주의 혁명의 지도 기관, 산하에 중국부, 몽골부, 일본부, 한족부를 두려했는데

한족부가 가장 먼저 구성되었어. 우리는 중앙총회를 그대로 한족부로 받아들였지.

이 얘기는 곧 전로한인공산당 중앙총회를 러시아내 한인 공산주의자들의 대표 조직으로 인정한다는 뜻이고.

이들의 후원 아래 그들은 자신들이 주도하는 통일된 전한공산당건설에 착수했다.

1921년 2월 이르쿠츠크에서 전한공산당 창립대회를 갖기로 한 것.

그러려면 각지의 공산단체 대표들을 가급적 많이 창립 대회에 참석시켜야 하오.

우리들이 직접 대표들을 선발, 초청하는 길에 나서야 합니다.

총회장 이성을 비롯한 중앙간부들 대부분이 대표들을 초청하기 위한 동방행에 나섰다.

동방 여행에 나선 이성, 김철훈 등 4인은 치타에서 제지되었다.

바이칼호

치타

이르쿠츠크

베르흐네우딘스크

STOP!

한편 이르쿠츠크에서 생각의 뚜렷한 차이를 확인한 이한영과 박애는 진작 이르쿠츠크를 떴다.

이한영은 이르쿠츠크 외무인민위원부에서 200만 루블을 빼앗기고 남은 모스크바 자금 200만 루블을 가지고 상하이로 갔고

이 중에서 100만 루블은 다시 북경에서 극동공화국 전권위원에게 빼앗겨 100만 루블만 상해로 전달됐죠.

박애는 아무르주로 향했다.

아무르주의 중심 도시 블라고베셴스크에 모스크바에서 40만 루블을 받고 이동 중이던 박진순과 한형권,

상하이에서 러시아로 막 들어온 김립, 계봉우,

각기 다른 전권대사의 이름을 가진 이들이 모였다. 모두가 한인사회당의 핵심 간부들.

임시정부 전권위원

한인사회당 전권위원

상하이 한국공산당 전권위원

그들은 우선 모스크바 자금 40만 루블의 사용에 대해 논의했다.

어쨌든 이 돈은 우리 한인사회당의 외교적 노력으로 얻어낸 것.

사용권도 당연히 한인사회당에 있지.

참고로 이때 받은 금화 루블은 일반 루블에 비해 140배의 가치가 있습니다. 먼저 받은 40만 루블도 지난 번 받은 400만 루블의 열네 배에 해당하죠.

그리고 단일한 전한공산당 조직 문제에 대해 논의했다.

안전지대인 극동공화국 경내에서 진행해야 할 것입니다.

그렇습니다. 담당 주체도 필요합니다.

러시아공산당 극동국 산하에 한인부를 두어 창립 사무를 맡아보게 합시다.

이르쿠츠크 측과의 협상도 한인부가 맡아하면 될 것입니다.

그렇긴 한데
...

이 친구들이 우리와 생각이 많이 달라서 통합이 쉽지 않을 것 같습니다.

전권위원들은 이르쿠츠크 중앙총회에 대한 우려를 공유했다.

뿐만 아니라 우리들을 아주 투기분자라고 비난합니다.

참나, 숫자도 몇 안 되는 친구들이
...

논의 끝에 다음과 같이 결정했다.

상해한국공산당을 임시 중앙위원회로!

이르쿠츠크나 연해주의 사회주의 조직은 지방위원회로 간주한다.

김립과 박진순은 모스크바 자금을 가지고 상하이로 떠나고,

헤이! 마차~

계봉우와 박애는 창립대회를 준비할 사명을 수행하기 위해 극동공화국 수도 치타로,

한형권은 모스크바로 되돌아갔다.

잔여 자금을 수령해야.

치타에 온 계봉우와 박애는 논의한 바의 실현을 위해 즉각 행동에 나섰다.

전한공산당 창설을 추진할 주체를 준비해야 합니다.

그 결과 치타에선 한인 사회주의 단체 대표자회의가 소집되었다.

연해주, 아무르주, 자바이칼주 등의 사회주의 단체 대표자들이 참가한 가운데 회의는 전권위원들이 앞서 논의한 사항들을 결정했다.

상해 한국공산당을 전한공산당 창립시까지 임시 중앙위원회로 인정한다.

짝 짝 짝

이르쿠츠크 중앙총회는 지방위원회로 개칭한다.

그리고 당 창립대회를 준비해갈 극동국 한인부를 구성했다. 박애, 계봉우, 장도정, 박창은이 집행부를 구성했는데

극동국 한인부

극동공화국과 러시아 공산당 극동국은 적극적 후원을 아끼지 않았다.

그도 그럴 것이 극동공화국 수반인 크라스노쇼코프는 박애, 죽은 김알렉산드라와 고락을 함께해온 인물.

생사를 함께해온 혁명 동지! 팍팍 밀어줌세.

힘이 실린 극동국 한인부는 다음의 두 가지를 당면 과제로 내걸었다.

전한공산당의 건설!!

남북 만주 및 러시아에 산개한 무장부대의 통합!

이들 앞에 이성 등 이르쿠츠크 간부들이 나타났다.

이르쿠츠크 중앙총회 전권위원?

극동국 한인부 집행부는 이르쿠츠크에서 온 전권위원들을 붙들고 물었다.

동방 여행의 목적은?

조만간 이르쿠츠크에서 전한공산당 창립대회를 가질 예정으로, 대회에 참가할 대표들을 선발하기 위함이오.

전한공산당? 니들이 무슨 자격으로?

러시아 극동 지역 한인 사회주의 운동을 지도 관할할 책임은 우리에게 있소.

이르쿠츠크 중앙총회는 지방위원회로 개창하고

상해 한국공산당을 중앙위원회로 인정해야 할 것이오.

그렇게는 곤란하오.

뭐라곳?

실랑이 끝에 날카로운 대립만 확인한 채 이르쿠츠크 전권위원들이 떠나고

극동국 한인부는 당 창립대회 소집을 서둘렀다.

이때까지만 해도 이르쿠츠크 쪽 움직임은 그다지 무게 있게 느껴지지 않았다.

피식

그런데 세력 관계를 뒤흔들 일들이 연이어 터져 나온다.

치타를 지나 아무르주로 온 이르쿠츠크 쪽 전권위원들을 따뜻이 맞아준 이들이 있었다.

환영합니다.

바로 대한국민의회 사람들이다.

우리는 과거의 대한국민의회가 아니오. 우리는 이미 공산주의를 받아들였소.

조직 내에 뿐만 아니라 자유대대 안에도 야체이카를 조직해 공산주의 사상학습을 진행하고 있소이다.

아...

그리고 우리는 이르쿠츠크 중앙총회의 결정과 계획을 지지하오.

대한국민의회 출신인 김철훈의 역할이 있었겠지만

이동휘와 한인사회당에 대한 뿌리 깊은 감정이 더 크게 작용했을 것이다.

볼셰비키를 반대해서 한인사회당과 갈라선 그들이 민족주의자와의 연대를 기회주의로 보는 이르쿠츠크파와 손잡은 것.

적의 적은 동지!

한편 김립과 박진순은 40만 루블을 무사히 상하이로 운반해 와 한인사회당에 인계했다.

수고들 했소!

이런 법이 어딨습니까?

여운형, 안병찬 등은 자금 처분권을 한국공산당 중앙위원회에 넘길 것을 요구했고

한인사회당은 이미 한국공산당으로 재조직된만큼 자금은 한국공산당으로 넘겨야지요.

이 자금은 한국공산당 결성 이전에 추진된 일로 한국공산당과는 무관하오.

한인사회당 측은 거부했다.

혈～ 분파적 행동입니다.

결국 이동휘 등 한인사회당 인사들은 탈당해버리고

들러리가 주제를 모르고.

잔류 세력은 그들을 제명하는 것으로 응수했다.

계봉우
박진순
김립
이동휘
제명
제명
제명

힘들게 얻어 온 혁명 지원금이 혁명 세력 간의 분열을 가져오게 된 것이다.

나중엔 임시정부도 이 자금에 대한 관할권을 주장하게 되면서

한형권이 임시정부 대표로 가서 받아온 것이므로 우리 거.

급기야 임시정부 경무부는 1922년 2월, 이 자금을 관할하고 있던 독립운동가이자 사회주의 혁명가였던 김립을 처단하고 만다.

탕 탕 탕 탕 탕...

그리고 여운형, 안병찬 등 상하이 한국공산당 잔류파들은 이르쿠츠크 쪽 지지로 방향을 틀었다.

듣자니 이르쿠츠크에서 정한 공산당 창립대회가 열린다는데

참석하기로 합시다.

이제 이르쿠츠크 쪽 세력도 만만찮게 되었는데

한인사회당 쪽으로는 더욱 불리한 상황을 맞이하게 된다. 1921년 1월에 코민테른 극동비서부가 이르쿠츠크에 설치되었는데,

다음의 결정이 더해진 것.

러시아공산당 시베리아국 산하 동양국을 코민테른에 이관한다.

그리고 슈미아츠키를 극동주재 코민테른 대표로 임명한다.

나, 슈미아츠키! 이제부터 코민테른, 러시아공산당, 러시아 외무인민위원부 등등이 지휘, 관리하던 동양에서의 혁명 사업을 총괄한다.

시베리아 동양국에서 한족부를 겸하던 전로한인공산당 중앙총회는 자동으로 코민테른 극동비서부 내 한국지부로 바뀌었다.

전로한인공산당 중앙총회

코민테른 극동비서부 한국 지부

현재적으로 우리가 한국 공산주의 진영을 대표한다는 ^^

반면 보다 세력이 컸던 치타 극동국 한인부는 다음과 같은 명령서를 받아 들게 된다.

명령서

치타한인부의 관할이 러시아공산당 극동국에서 코민테른 극동비서부로 이관되었음.

그리고 코민테른에서 전갈이 오기를,

전한공산당 대회를 이르쿠츠크에서 여니 치타 한인부도 이르쿠츠크로 옮길 것.

극동국 한인부, 곧 한인사회당 측은 코민테른의 요구를 묵살하기로 한다.

아무리 코민테른이라 해도 이건 아니지.

원래 우리의 계획대로 갑시다.

이후 양측은 각기 전한 고려공산당 창립대회를 준비해나갔고

모여라! 조선의 공산주의 조직 대표자들이여!

결국 상하이와 이르쿠츠크에서 같은 이름의 다른 고려공산당 창립대회가 열리게 된다.

고려공산당 창립대회

고려공산당 창립대회

세상은 이를 각각 상하이파 공산당, 이르쿠츠크파 공산당이라 불렀다.

상해파는 이동휘가 이끌었던 한인사회당 계열.

이르쿠츠크파는 한인사회당 안티 연합.

양측은 모두 사회주의 혁명을 추구했지만 노선상의 차이가 컸다.

사회주의 혁명을 추구한다고요? 에이~ 그냥 독립운동한다고 하시죠?

뭐어? ~ 볼셰비키 혁명이 성공하자마자 적극 지지하고 아시아 최초의 사회주의 정당을 세운 우리야.

혁명의 당면 목표를 보는 시각이 달랐고

러시아를 비롯한 세계의 진보적 인민들과 연대해 일제를 몰아내고 사회주의 혁명을 이룩어야!

세계의 인민들과 연대해 일제와 싸우는 건 맞지만 현단계 목표는 민족해방과 민주혁명이고 이어 사회주의 혁명으로 넘어가야.

그에 따라 민족주의자나 종교인 들과의 연대, 임시정부에 대한 태도 등에서 확연한 차이를 보였다.

우리의 주력군은 노동자와 농민, 자본가와 종교인은 타도의 대상! 임시정부는 자본가들의 조직, 참여할 이유 없어!

일제의 강압 통치 아래 민족자본과 종교인도 억압받고 저항한다. 따라서 그들과도 손잡고 싸워야. 임시정부에 참여해 사회주의의 길로 이끌어야!

하지만 노선상의 차이보다 더 큰 문제는 과정상에 쌓인 해묵은 감정이었다.

이는 곧 돌이킬 수 없는 비극을 가져온다.

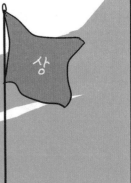

광복가

이천만 동포야 일어나거라
일어나서 총을 메고 칼을 잡아서
잃었던 내 조국과 너의 자유를
원수의 손에서 피로 찾아라

한산漢山의 우로雨露 받은 송백까지도
무덤 속 누워 있는 혼령까지도
노소를 막론하고 남男이나 여女나
어린아이까지라도 일어나거라

끓는 피로 청산을 고루 적시고
흘린 피로 강수江水를 붉게 하여라
섬나라 원수들을 쓸어버리고
평화의 종소리가 울릴 때까지

3·1혁명 현장의 민중들이 독립 만세와 함께 널리 부른 노래다.

부록

2권 연표

2권 인명사전

사료 읽기

참고문헌

• 일러두기 •

인명사전에 친일 반민족 행위자로 표기된 인물은

민족문제연구소에서 발행한 《친일인명사전》에 등재된 인물로,

인물 아래에 별도로 親日 표시를 해두었습니다.

우리는	세계는

1916년

우리는

　　　고무신이 보급되기 시작함
1월 13일 도쿄조선고학생동우회가 조직됨
2월 21일 일본 중의원, 김옥균에게 표창을 수여하기로
　　　　결정함
3월 26일 박중빈, 원불교를 창시함
4월 22일 대구신사가 달성공원에 세워짐
5월　　 대한인국민회, 하와이에서 〈국민보〉를 발행함
　　23일 임병찬, 거문도 유배지에서 단식으로 자결함
6월　　 조선총독부, 신청사를 착공함(1926년 완공됨)
7월 25일 주세령이 공포됨
9월 12일 대종교 교주 나철, 구월산 삼성사에서 자결함
10월 14일 하세가와 요시미치, 조선 총독에 임명됨
12월　　 일본군, 만주에서 대종교인 31명을 체포함
　　 5일 일본군 2개 사단이 용산과 대구 등지 땅
　　　　수십만 평을 수용해 상주함
　　29일 민영기, 친일 단체인 대정실업친목회를 조직함

세계는

1월　1일 위안스카이, 제위에 즉위함
　　14일 영국, 징병제를 도입함
2월 21일 베르됭전투로 60만 명이 전사함
　　　　(~1916. 7.)
3월　　 미국, ROTC제도를 시행함
　　22일 위안스카이, 제제 취소를 선언함
5월 31일 영국, 독일과 유틀란트해전을 벌임
6월　6일 위안스카이, 사망함
7월　1일 솜전투가 벌어짐
　　 3일 러일신협약이 조인됨
9월 15일 영국군, 처음으로 전차를 사용함
11월　6일 폴란드, 독립을 선언함

1917년

우리는

3월　5일 조선산직장려계 임원과 계원 130여 명,
　　　　보안법 위반 혐의로 체포됨
　　31일 이상설, 서거함
5월　　 블라디보스토크에서 전로한족 중앙총회가
　　　　결성됨
6월　8일 순종 황제, 도일함(28일 귀국함)
7월　　 대동단결선언이 발표됨
　　17일 조선수리조합령이 공포됨
　　29일 간도 지방 한인에 대한 경찰권이 중국에서
　　　　일본으로 이관됨
8월 31일 조선사회당(신규식)이 스톡홀름
　　　　만국사회당대회에 제출한 조선 독립 요구서가
　　　　만장일치로 승인을 받음
10월　　 동양척식회사 본사가 서울에서 도쿄로 이전됨
　　 1일 간도에서 조선인거류민회가 조직됨

세계는

1월　9일 독일, 무제한 잠수함 작전을 선언함
3월 28일 일본, 2월혁명 후 러시아 가정부를
　　　　승인하기로 결정함
4월　6일 미국, 제1차 세계대전에 참전함
5월 18일 미국, 징병제를 도입함
6월 16일 제1회 전러시아소비에트대회가 개최됨
7월 31일 일본, 내각에 척식국을 설치함

8월　　 쑨원, 제1차 광둥군정부를 수립함
　　　　중국, 동맹국에 선전포고함
9월　8일 연합국, 중국의 대독 참전 대가로
　　　　의화단 배상금 지불을 연기하기로
　　　　결정함

29일 박용만, 뉴욕에서 열린 세계25개약소민족회의에
　　　한국 대표로 참석함
11월 10일 채기중, 대구 부호 장승원을 사살함
　　17일 안희제, 백산무역을 설립함
12월 20일 박상진, 체포됨

10월　　러시아혁명이 일어남

11월　2일 영국, 밸푸어선언을 공포함

2월　1일 광복단 박상진과 채기중 등, 사형을 선고받음
　　20일 서당 규칙이 공포, 시행됨
4월　9일 독립운동가 장일환, 사망함
5월　　한인사회당(이동휘, 김립)이 조직됨
8월　　신한청년당(여운형, 김규식)이 조직됨
9월 16일 김알렉산드라, 백위파에게 총살형을 당함
10월　7일 제주도 법정사 승려 김연일 등, 항일투쟁을 벌임
　　15일 조선토지사업보고서가 발행됨
11월　　미주 교포 단체, 윌슨 대통령에게
　　　독립요망진정서를 제출함
　　28일 여운형, 상하이에서 윌슨 대통령 특사 크레인과
　　　회견을 가짐
12월　5일 영친왕 이은과 황족 나시모토 마사코(이방자)의
　　　결혼이 발표됨
　　15일 손병희 등 천도교 인사, 독립운동을 밀의함
　　28일 도쿄유학생회원 500여 명이 웅변대회를 열어
　　　민족자결 문제를 토론하다 체포됨

1월 12일 일본, 거류민 보호를 구실로
　　　블라디보스토크에 군함 2척을 파견함
2월　　영국, 30세 이상 여성에 선거권을
　　　부여함
　　1일 소비에트, 우크라이나 공화국을 승인함
3월　3일 러시아, 브레스트리토프스크조약에
　　　따라 제1차 세계대전에서 철수함
4월　5일 영·미·일 군대, 블라디보스토크에
　　　상륙함
8월　　일본 도야마 시에서 쌀 폭동이 일어남
　　2일 일본, 시베리아 출병을 선언함
9월　　하라 다카시 내각이 출범함
11월 11일 제1차 세계대전이 종료됨

1월　6일 도쿄유학생학우회, 도쿄 YMCA회관에서
　　　웅변대회를 열어 독립선언에 대한 방침을 정하고
　　　실행위원을 선출함
　　21일 고종, 승하함
2월　　서울 노동자 수백 명이 파업함
　　1일 무오독립선언이 발표됨
　　　신한청년당 상하이 회합에서
　　　김규식은 파리로, 장덕수는 일본으로,
　　　여운형은 노령, 김철 등은 국내로 파견하여
　　　각 사회단체 인사와 회견토록 결정함
　　8일 조선청년독립단대회가 열리고,
　　　2·8 독립선언이 공포됨

1월　1일 베를린에서 독일공산당이 창당됨
　　5일 독일노동자당(나치)이 결성됨
　　18일 파리강회회의가 개최됨

30일 이완용, 만세운동에 제3차 경고를 함

5월 말 현재, 3·1만세운동에 참가한 부·군 수는 232개 부·군 중 211개에 이름

6월 17일 사료조사편찬부가 설치됨

26일 안창호, 내무총장에 취임함

7월 11일 임시의정원, 상하이 임시의정원과 노령 대한국민의회 합병을 결의함

8월 경성지법, 민족대표 48인에 내란죄를 적용함

홍범도 휘하의 대한독립군 200여 명이 일본 병영을 습격함

21일 임시정부 신문 〈독립〉이 창간됨

30일 국민의회, 통합 임시정부안을 승인함

9월 2일 강우규 의거가 일어남

10일 총독 사이토, 문화 정책을 공포함

11일 대한민국 임시헌법(제1차 개헌)이 공포되고, 한성·상하이·노령정부가 통합됨

18일 이동휘, 국무총리에 취임함

10월 25일 임시정부 신문 〈독립〉이 〈독립신문〉으로 개제됨

11월 서간도 군정부가 임시정부 휘하의 서로군정서로 개편됨

9일 의친왕 이강, 상하이로 탈출함 (11일 국내로 압송됨)

10일 의열단이 결성됨

15일 이동휘, 여운형의 방일이 임정과 하등 관계가 없다는 내용의 포고 제1호를 발표함

16일 여운형 일행, 나가사키에 도착함

27일 여운형, 도쿄 제국호텔에서 내외 기자에게 한국 독립의 당위를 주장함

12월 정의단 군정부가 임시정부 산하 북로군정서로 개칭됨

임시정부 비밀조직 함북 연통제가 발각되고 54명이 체포됨

북로군정서가 대한군정서로 개칭되고 임시정부 산하로 편입됨

6월 28일 베르사유조약이 체결됨

7월 25일 카라한선언이 발표됨

8월 2일 산둥반도가 중국에 반환됨

8일 영국, 아프가니스탄 독립을 승인함

11일 바이마르공화국이 성립됨

9월 보스턴에서 경찰 파업이 발발하나 진압당함

10월 10일 중화혁명당이 중국국민당으로 개편됨

28일 미국, 금주법을 시행함

29일 일본, 타이완에 최초의 문관 총독 덴 겐지로를 임명함

1월		민원식, 국민협회를 결성함
	3일	대한민국임시정부 국무총리에 이동휘, 내무총장에 이동녕, 법무총장에 신규식, 재무총장에 이시영이 취임함
	4일	간도국민회, 조선은행 회령지점 현금수송차를 습격함
	6일	〈조선일보〉와 〈동아일보〉 발행이 허가됨
2월	5일	국민협회, 한인의 참정권 청원서를 일본 중의원에 제출함
	20일	노백린, 미국 캘리포니아주에 한인 비행사 양성소를 설립함
3월		김원주(일엽), 잡지 〈신여자〉를 창간함 박춘금, 도쿄에서 상구회를 조직함 니콜라옙스크 사건이 발생함
	1일	서울, 평양, 황주 등지에서 독립만세운동이 일어남
	17일	미국 의회에 한국 독립안을 상정하나 부결됨
	19일	임시의정원 의원 17명, 이승만에게 상하이로 부임하라는 촉구 결의안을 제출함
4월	1일	태형령이 폐지됨 회사령이 허가제에서 신고제로 개정됨
	4일	연해주 4월 참변이 일어남
	11일	조선노동공제회가 창립됨
	19일	일인 순사 1,636명, 인천항에 도착함
5월	2일	조선노동대회가 창립됨
6월	4일	봉오동전투가 벌어짐
	25일	천도교청년회, 〈개벽〉을 창간함
7월		제네바 만국사회당대회에서 한국독립지지 결의안이 통과됨 이륭양행의 조지 쇼가 일경에 체포됨
8월		함경도 연통제 소속원 80명이 체포됨 대일한로공수동맹이 체결됨
	24일	미 의원단 49명이 입경함 조만식, 평양에서 조선물산장려회를 창립함
9월	14일	의열단원 박재혁, 부산경찰서에 투탄함
	26일	부산 노동자 5,000여 명, 총파업에 들어감
10월		임시호구조사 결과가 나옴 (인구 1,689만 명)

1월	10일	국제연맹이 발족됨
2월	11일	도쿄에서 수만 명이 보통선거를 요구하는 시위를 벌임
	14일	일본 중의원, 보선 법안을 상정함
	24일	소련 정부, 일본에 국교 회복을 제의함
3월	2일	일본 각료회의, 시베리아 출병 방침을 체코병 구원에서 조선, 만주에 대한 볼셰비즘 저지로 변경함
4월	6일	하바롭스크에서 일본과 소련 양군이 격전을 벌임
	29일	일본과 소련, 군사협정에 조인하고 휴전함
5월	2일	일본에서 최초의 노동절 행사가 개최됨
	4일	중국에서 최초의 노동절 행사가 개최됨
	10일	일본 중의원, 부인의 정치결사 가입을 허가함
6월	10일	영국과 일본, 영일동맹을 유지하기로 결정함
7월	31일	영국공산당 창립대회가 열림
8월		천두슈 등, 상하이에서 중국사회주의 청년동맹을 결성함
	26일	미국, 여성에게 선거권을 부여함
9월	12일	제1차 훈춘사건이 발생함
	27일	제2차 카라한선언이 발표됨
10월		일본 국세조사 결과가 발표됨 (총인구 7,689만 명)

5일 일본 관헌, 최정규 등을 시켜 간도에 보민회를
　　 조직하고 테러와 첩보로 항일운동을 방해함
14일 일본, 간도로 출병함
20일 청산리전투가 벌어짐
26일 대영제국 한국친우회가 조직됨
11월 11일 〈동아일보〉 장덕준 기자, 훈춘사건 취재 중
　　 룽징에서 일경에게 피살됨
12월 　 박은식,《한국독립운동지혈사》를 간행함
5일 이승만, 상하이에 도착함
9일 외무부, 등사 서적《북간도 한인에 대한
　　 일본 만행》을 발간함
27일 의열단원 최수봉, 밀양경찰서에 투탄함

2일 마적, 일본영사관을 습격함
　　 (제2차 훈춘사건)

11월 15일 국제연맹 첫 총회가 열림
21일 아일랜드에서 피의 일요일 사건이
　　 일어남
12월 23일 영국 의회, 아일랜드 통치법을 의결함

강기덕
1886 ~ ?

독립운동가. 3·1혁명 당시 보성법률상업학교 학생으로서 학생들의 시위 참여에 대한 일체의 임무를 맡고, 학생 간의 연락 책임을 맡았다. 이후 서울 학생 제2차 시위 계획에서 김원벽과 함께 최고 선도자로 추대됐다. 경찰에 잡혀 1년 6개월 동안 복역했으며, 8·15광복 후 월남하여 초대 함경남도지사, 건국대학교 초대 이사장 등을 역임했지만 6·25전쟁 때 납북됐다. 1990년 건국훈장 독립장 수훈.

계봉우
1880 ~ 1959

역사학자, 독립운동가. 국권피탈 후 북간도에서 활동하던 중 대한민국임시정부가 수립되자 합류했다. 1920년에는 노령 지역의 한인 사회주의 운동을 이끌었으며 이동휘와 함께 고려공산당 창당에 기여했다. 자유시사변을 겪은 후 1930년대에 중앙아시아로 강제 이주되어 그곳에서 생을 마감했다. 1995년 건국훈장 독립장 수훈.

고희준
1880 ~ ?
親日

친일 반민족 행위자. 1909년 일진회에 가입해 활동하면서 한일 병합의 필요성을 홍보했다. 3·1혁명이 한창이던 1919년 4월 중순, 김명준, 윤효정 등과 3·1혁명을 종식시키기 위한 경고문을 전국에 반포하고 조선총독부에 건의서를 제출했다. 이후 조선 독립은 불가능하다는 인식하에 참정권 청원 운동에 적극 나섰다.

곽종석
1846 ~ 1919

유학자. 국권피탈 이후 은거하다 3·1혁명을 맞이했는데, 33인의 민족대표 중 유림이 빠져 있는 것에 통분해하며 파리강화회의에 참석하는 김규식에게 조국 독립의 뜻을 담은 '파리 장서'를 보냈다. 이 일로 체포돼 옥고를 치르던 중 병보석으로 출감하나 곧 사망했다. 1963년 건국훈장 독립장 수훈.

권동진
1861 ~ 1947

독립운동가. 손병희의 영향으로 천도교에 입교했다. 민족대표로서 붙잡혀 옥고를 치르고, 출옥 이후 천도교 잡지 〈개벽〉의 편집진으로, 신간회의 부회장으로 적극적인 항일 민족운동을 전개했다. 8·15광복 뒤에는 신한민족당 당수, 민주의원 등을 역임했다. 1962년 건국훈장 대통령장 수훈.

길선주
1869 ~ 1935

목사, 독립운동가. 평남 안주 출신으로, 안창호 등과 독립협회 평양지부를 조직했다. 이후 한국 개신교사에서도 특출한 목회 활동을 펼치며 전국적 부흥운동을 일으켰다. 교육 사업에도 힘썼고, 3·1혁명 때는 기독교를 대표해 민족대표 33인의 한 사람으로서 독립선언서를 공포하고 2년간 옥고를 치렀다. 2009년 건국훈장 독립장 수훈.

김도연
1894~1967

정치가, 독립운동가. 도쿄 유학 시절 조선청년독립단을 조직하고, 2·8 독립운동을 주도하다 9개월간 옥고를 치렀다. 1942년에는 조선어학회사건에 연루돼 약 2년간 옥고를 치렀다. 해방 후 제헌국회 총선거 때 한국민주당 소속으로 당선돼 국회 초대 재무부장관으로 활동하고, 이후 국회의원을 여러 번 지냈다. 1991년 건국훈장 애국장 수훈.

김립
1880~1922

사회주의 운동가, 독립운동가. 김익용이라는 이름으로도 활동했다. 국권피탈 이후 1911년, 블라디보스토크에서 권업회 결성에 참여했고 길성학교와 광성학교를 설립하는 등 교육 진흥을 위해 힘썼다. 1918년 전로한족 중앙총회가 결성될 당시 부회장으로 선임됐고 이어 한인사회당 창당에도 참여했다. 한인사회당의 기관지 〈자유종〉 주필로도 활동했다. 3·1혁명 이후 임시정부가 수립되는 과정에서 이동휘와 함께 상하이로 이동해 상하이임시정부의 국무원 비서장이 됐고, 1920년부터는 공산주의자 그룹을 결성하기 위해 주변 인물을 포섭하고 여운형 등을 끌어들였다. 1920년 11월에는 코민테른이 지원한 활동 자금을 치타에서 한형권에게 인수받아 상하이로 운반했는데, 운반하는 중에 자금을 사적으로 활용했다는 혐의를 받았다. 상하이에서는 임시정부 측이 자금의 처분권을 주장했지만 한인사회당은 이를 거부했다. 1921년에는 국민대표자회의의 창조파 편에서 활동했고, 만주에서 무장 단체를 조직하는 데 관심을 기울이기도 했다. 한인사회당을 발전적으로 해체한 후 상하이에서 고려공산당을 설립했다. 상하이임시정부에서 자금 횡령 혐의를 두고 자금 반환을 요구하기 위해 오면직, 노종균을 파견했는데, 이들에 의해 상하이에서 암살당했다.

김만겸
1886~1938

사회주의 운동가. 러시아 연해주에서 태어나 1905년 그곳에서 조직된 한족회에 가담했다. 1914~1917년 러시아 정부의 국경대표부 통역원으로 활동했고, 러시아혁명이 일어나자 볼셰비키파와 동지적 관계를 유지하며 반일 민족 독립운동에 힘썼다. 1919년 2월 조직된 대한국민의회의 부회장에 선출됐고, 이듬해 4월 상하이에서 보이친스키와 손잡고 한인공산당을 조직하는 일에 뛰어들었다. 여운형이 상하이에서 공산당에 입당한 것과 이동휘가 상하이파 고려공산당을 조직하게 된 건 김만겸과 보이친스키의 지원에 의한 것이었다. 연해주 소비에트 집행위원으로 활동하다 소련공산당에서 제명된 뒤 소련 경찰에 체포되어 복역하던 중 사망했다. 2005년 건국훈장 애국장 수훈.

김명준
1870~?

친일 반민족 행위자. 1886년 문과에 급제했다. 적극적이고 자발적인 친일의 길을 걸어 일본제국의회 귀족원 의원, 중추원 참의, 국민협회 회장 등을 역임했다.

김법린
1899~1964

승려, 독립운동가. 1915년 동래 범어사에서 비구계를 받고, 3·1혁명 때 영남 불교계 독립만세운동을 주도했다. 이후 1930년, 한용운의 뜻을 이어 일제에 대항하는 비밀결사 조직인 만당을 결성하는 등 활발한 독립운동을 전개한다. 해방 후, 동국학원 이사장, 문교부 장관, 유네스코 한국위원회 위원장 등 교육 활동을 이어나갔다.

김병조
1877~1948

독립운동가. 1919년 3·1혁명에 민족대표 33인 중 한 사람으로 참여했다. 3월 1일 서울의 독립선언식에 참석하는 대신 선천에서 독립선언서를 배포하는 등 만세운동을 주도하다가, 일본 경찰을 피해 상하이로 망명했다. 이후 역사 저술과 교육에 힘썼다. 해방 이후 반공운동을 벌이다 소련 군정에 체포돼 시베리아로 유형을 갔고, 그곳에서 숨을 거뒀다. 1990년 건국훈장 대통령장 수훈.

김복한
1860~1924

의병장. 명성황후 시해와 단발령을 계기로 의병을 일으켰다. 을사조약 때는 을사오적의 참수를 간청했다. 1906년 다시 의병을 일으켰다가 투옥됐다. 3·1혁명 때는 곽종석, 김창숙 등과 유림의 뜻을 모아 파리 장서를 발송했다. 1963년 건국훈장 독립장 수훈.

김석황
1894~1950

독립운동가. 2·8 독립운동에서 주요 인물로 활약했고, 이후 대한민국임시정부에서 특파원으로 활동했다. 김구와 의용단을 조직했으며, 〈독립신문〉 발간 비용을 마련하기 위해 국내에서도 활동했다. 일제에 체포돼 10년 형을 선고받았다. 1982년 건국훈장 독립장 수훈.

김알렉산드라
1885~1918

사회주의 운동가. 연해주 우수리스크에서 태어났다. 블라디보스토크에서 여학교를 졸업하고 교사로 근무했다. 아버지 친구의 아들과 결혼했으나 1914년 이혼하고, 1915년에는 우랄 지방 벌목장에서 통역관으로 일하며 노동자 권리 보호에 앞장섰다. 1917년에는 러시아사회민주노동당에 입당해 볼셰비키로서 극동 지역을 담당하는 외무인민위원을 역임했다. 1918년 러시아 내전 중 일본군의 지원을 받은 백위파에 대항해 해외

망명자회의를 소집하고 만주, 러시아의 독립운동가를 모아 반일 한인 부대를 조직하고자 했다. 5월에는 이동휘, 김립 등과 한인사회당을 조직했는데, 김알렉산드라는 이동휘 등과는 다르게 처음부터 볼셰비키였다. 이후 러시아 내전에 참여해 하바롭스크에서 볼셰비키와 연대해 백위파와 전투를 벌이나 패배하고 체포된 뒤 총살당한다. 2009년 건국훈장 애국장 수훈.

김종림
1886~1973

독립운동가. 미주 지역에서 활약했다. 공립협회, 대한인국민회 등에서 활약하며 항일투쟁을 전개했다. 3·1혁명 이후에는 미주 지역에서 독립운동자금을 모금해 대한민국임시정부 구미위원부 및 대한인국민회에 여러 차례 전달했다. 1920년 노백린과 캘리포니아 윌로우스에 비행사 양성소를 설립해 비행사 양성에 기여했다. 2005년 건국훈장 애족장 수훈.

김창숙
1879~1962

정치가, 독립운동가. 1879년 경상북도 성주 출생. 을사조약 때 이완용을 비롯한 매국오적을 규탄하는 글 청참오적소를 지어 올렸다. 일진회에 저항하고 성명학교를 세워 신교육을 도모했으며, 1910년 국권피탈에 크게 슬퍼하며 분노해 방황하다가 다시금 유학에 정진했다. 3·1혁명 후에는 유림의 뜻을 모아 한국의 독립을 호소하는 파리장서를 작성했고 상하이로 망명한 후 파리강화회의에 전달하고자 우편으로 보냈다. 1924년에는 만주와 몽골의 접경 지역에 독립운동 기지를 건설하기 위해 자금을 모집하다가 발각돼 재차 출국했다. 대한민국임시정부 수립에도 힘을 썼다. 중국국민당의 쑨원 등을 만나 한국독립후원회와 한중호조회를 결성하는 데 기여했고, 망명한 한국 청년들이 숙식을 제공받고 영어와 중국어 교육을 받을 수 있도록 주선했다. 신채호와 독립운동지 〈천고〉를, 박은식과 〈사민일보〉를 발간했으며, 서로군정서의 군사선전위원장, 대한민국임시정부 의정원 부의장 등을 역임했다. 1927년 상하이 프랑스 조계지역에서 일본영사관원에게 체포돼 본국으로 압송된 후 14년 형을 선고받고 대전 형무소에서 복역했다. 이 과정에서 고문으로 두 다리가 마비됐다. 형 집행정지로 출옥하나 해방 직전 조선건국동맹에서 활동하다 발각돼 구속됐다. 해방 후에는 전국유림대회에서 유도회 총본부 위원장으로 선출됐으며 성균관을 대학으로 만들고자 성균관대학 기성회를 결성해 결국 1946년 9월 설립을 인가받았다. 이후 1953년에는 종합대학 승격도 인가받아 초대 학장으로 취임했다. 이승만의 독재정치에 대해서는 하야 경고문, 반독재 호헌 구국 선언을 발표하는 등 철저히 비판했다. 1962년 건국훈장 대한민국장 수훈.

김철
1886~1934

독립운동가. 1917년 중국 상하이로 망명해 김규식, 문일평, 여운형 등과 신한청년당을 창당했다. 3·1혁명이 일어나기 전 국내로 들어와 계획 수립에 일조했고, 이후 대한민국임시정부 수립에 참여했으며 임시정부에서 교통부 차장을 역임하고 신한청년당에서는 기관지〈신한청년〉을 발간했다. 임시정부와 부침을 함께하다가 몸이 쇠약해져 1934년 항저우에서 사망했다. 1962년 건국훈장 독립장 수훈.

김철훈
1885~1938

사회주의 운동가, 독립운동가. 1911년 러시아에서 권업회, 한민학교 등을 통해 일찍부터 독립운동에 가담했으며 1919년에는 대한국민의회 부의장직을 맡았다. 3·1혁명 중에는 독립선언를 배포하는 등 러시아 지역 독립운동에 기여했다. 이동휘가 상하이임시정부에 합류하면서 한인사회당의 근거지가 이동하자 1920년 이르쿠츠크 러시아 공산당 한인지부를 설립하고 이후 전로한인공산당 중앙총회로 조직을 확대시켰다. 1921년 이르쿠츠크파 고려공산당 조직에 참여해 하바롭스크, 치타, 옴스크, 모스크바 등 주요 도시에서 선전 업무를 맡았다. 1923년부터는 코민테른 동양비서부 고려부 비서, 오르그뷰로 위원으로 활동했고, 1926년에는 경성에서 조직된 조선공산당에 합류해 김하구, 윤자영 등과 만주총국을 조직했다. 이후 1933년 하바롭스크 공산주의 고등전문학교를 졸업하는 등 소련에서 생활하다 1938년 일제 조사 기관과 내통한 혐의를 받아 총살됐다. 2006년 건국훈장 애국장 수훈.

남만춘
1892~1938

사회주의 운동가. 러시아 아무르주에서 태어났다. 러시아 2월혁명에 참가했고, 1920년 러시아 공산당 산하 이르쿠츠크위원회 고려부 회장으로 선출됐다. 무장 부대를 조직해 적백 내전 당시 백위군과 수차례 전투했다. 이르쿠츠크파 고려공산당에서 활동했으며 코민테른 제3차 대회에 참가했다. 연해주로 돌아와서는 한인 사회의 사회주의 운동을 주도했다. 2010년 건국훈장 애족장 수훈.

문창범
1870~1934

독립운동가. 1917년경 쌍성에서 조직된 노령 한인 사회의 대표적 기관인 전로한족중앙총회의 회장으로 추대되었다. 1919년 2월 대한독립선언서에 서명했고, 국내에서 파견된 여운형과 접촉하며, 독립운동의 방략에 대해 많은 논의를 나누기도 했다. 1919년 3·1혁명에 즈음하여 한족중앙총회를 대한국민의회로 개편하고, 시베리아 및 간도 지방 독립운동의 총지휘기관으로서의 역할을 담당했다. 1919년 임시정부에서 재로 한인 사회 대표로 교통총장에 추대되나 부임하지 않았다. 같은 해 5월 3일 동생 창락에게 노령과 만주에서 활동하는 독립운동가를 동원해 항일 무력전을 감행하도록 하고, 노령에 군관학교를 창설했다. 1921년 3월 1일 만주에서 각급 독립군 유격대를 편성해 항일 무력전을 전개하고 국내의 애국지사를 규합해 독립운동의 기세를 높이기도 했다. 일설에는 1934년 8월 5일 상하이에서 밀정에게 해를 입었다고 하지만 자세한 것은 확인되지 않고 있다. 1990년 건국훈장 대통령장 수훈.

박상준
1877~?
親日

친일 반민족 행위자. 1910년대 순천군수, 평원군수 등을 맡으며 친일의 길로 들어섰다. 3·1혁명 당시 조선 독립의 불가능을 역설했고, 이후 끊임없이 친일 행보를 보였다. 1945년 일본제국의회 귀족원 의원에 임명됐다.

박애
1896~1927

사회주의 운동가. 이한영, 박진순 등과 같이 활동했다. 한인사회당 창립 회원이며, 코민테른 제2차 대회에 참가했다. 1920년 10월에는 러시아 공산당 극동국 한인부를 치타에 창설했다. 연해주에서 소련공산당하의 약소민족부장을 지내다 밀정으로 지목돼 1927년 총살당했다. 2008년 건국훈장·애족장 수훈.

박일리야
1891~1938

사회주의 운동가. 1917년 러시아혁명으로 볼셰비키가 정권을 장악한 후 러시아 내전 시기에 니콜라옙스크에서 한인 빨치산 부대를 결성하고 직접 부책임자를 역임하며 혁명에 참가했다. 책임자였던 박병길과 비교해서는 성품이 다소 잔혹했던 것으로 알려져 있다. 1920년에는 사할린 의용대 사령관으로서 러시아에 침투한 일본 군대에 맞서 니콜라옙스크 해방 전투에 참전했다. 이때 일본 군대와 일본 거류민을 몰살시키는 니항사건에 가담했다. 이후 자유시로 이동해 사할린 의용대 대장으로서 여타의 한인 무장 단체와 더불어 극동공화국 제2군단 산하로 배속됐다. 1921년 3월에는 러시아 지역에 존재하던 한인 무장 단체를 아우르고자 전한의병대회가 열렸는데, 이때 전한군사위원회 군사위원으로 선임됐다. 같은 해 상하이 고려공산당 창립 대회에서 군사부 담당 중앙위원으로 선임됐으며 전한군사위원회의 모든 한인 부대는 상하이임시정부의 독립군단이어야 한다는 주장을 펼쳤다. 지속적으로 일본군이 후원하는 러시아의 백군에 대항해 전투를 벌였으며 자유시사변 당시에는 무장해제에 강렬히 저항하다 연해주로 탈출해 이동휘 등과 제3차 전한군사위원회를 결성했다. 2006년 건국훈장 애국장 수훈.

박중양
1874~1959
親日

조선 말기 관료, 친일 반민족 행위자. 이토 히로부미의 양아들로 알려져 있다. 일본에 관비장학생으로 유학했으며 러일전쟁에 일본군 통역관으로 참여했다. 국권피탈 후에는 중추원 참의 등 일제에 협력하는 주요 요직에 앉았다. 3·1혁명이 일어나자 대구에서 이를 자제시킨다는 명목으로 자제단을 출범시켰다. 해방 후 반민특위에 검거되나 병으로 풀려난다.

박진순
1897~1938

사회주의 운동가, 독립운동가. 러시아 연해주에서 태어나 아버지에게 한학을 배웠다. 상급 학교에 진학, 졸업한 후에는 블라디보스토크 조선인학교에 교사로 재직했다. 1917년 열린 전로한족회 중앙총회에서 볼셰비즘을 지지한 후 1918년 이동휘 등과 함께 한인사회당 결성을 주도했고 중앙위원으로 활동했다. 한인사회당 군사부장으로서 한인 빨치산에서도 활동했고 모스크바 코민테른에 재정 지원을 요청하려 박애, 이한영과 함께 코민테른에 파견된 3인 중 한 명이기도 하다. 러시아 정부 외무인민위원부와 교섭하여 재러 조선인 보호에 관련 협정을 맺고 거액의 자금을 지원받았으며 1920년 열린 제2차 코민테른 대회에 한인사회당의 대표자 격으로 참가했다. 1921년에는 이동휘를 위원장으로 하는 상하이파 고려공산당 결성에 참여했고, 신채호와 박용만을 만나 독립운동의 길이 공산주의에 있음을 설파했다. 이후 모스크바에서 공부와 강의를 병행했으나 스탈린에 의해 숙청됐다. 2006년 건국훈장 애국장 수훈.

박창은
?~?

사회주의 운동가. 치타에서 1920년 10월에 열린 러시아 공산당 극동국 한인부 결성에 참가했다. 극동공화국에서 재러시아 대한의용군 총사령관으로 임명되나 사할린 의용대의 박일리야와 갈등을 빚고 사임한 후 대한국민의회에 합류했다.

백관수
1889~1961

정치가, 독립운동가. 전북 고창 출생. 동향인 김성수, 송진우와 친했다. 1919년 2월 도쿄에서 학생 대표 11인의 한 사람으로서 독립선언서를 발표했고, 이후 〈조선일보〉와 〈동아일보〉에서 언론 활동을 했다. 해방 이후 한국민주당에 합류했으며 미 군정하에서 민주의원 의원, 1948년 제헌국회의원에 당선되고, 초대 법제사법위원장을 지냈다. 6·25전쟁 때 납북돼 1961년 사망한 것으로 알려져 있다.

백용성
1864~1940

승려, 독립운동가. 법명은 진종. 3·1혁명 당시 민족대표 33인 중의 한 명이었다. 이후 1년 6개월 동안 옥고를 치르고, 경전 번역 등을 통해 불교의 현대화와 대중화를 위해 애썼다.

서병호
1885~1972

교육가, 독립운동가. 호는 송암. 황해도 장연 출신으로, 장로교 최초 7인 목사 중 한 사람인 서경조가 아버지다. 1919년 신한청년당 당수로 취임했고, 대한민국임시정부에서 내무위원으로 활약했다. 8·15광복 후 경신학교 이사장이 됐고, 기독교아동복지회재단 이사 및 안양기독보육원재단 이사 등을 맡아 교육과 사회복지 분야에서 활동했다. 1990년 건국훈장 애국장 수훈.

서춘
1894~1944
親日

언론인, 친일 반민족 행위자. 1919년 2·8 독립선언 당시 실행위원으로 서명했다가 금고 9월 형을 선고받았다. 이후 교토제국대학 경제학부를 졸업하고 〈동아일보〉와 〈조선일보〉에서 경제 전문가로 활발히 활동했다. 1937년 중일전쟁을 전후해 조선총독부에서 추진하는 정책을 적극 지지하거나 참여하면서 이를 뒷받침하기 위한 평론을 쓰거나 계몽 활동을 전개했다. 1938년 국민정신총동원 조선연맹 후원을 위해 결성된 목요회에 회원으로 참가했고, 1939년에는 국민정신총동원 조선연맹 기관지 〈총동원〉의 편찬위원을 맡았다. 1940년부터 1942년까지 〈매일신보〉 주필을 지내면서 시국 강연 강사와 매일신보사가 주최한 전국순회 시국강연반 강사로 활동했다. 1941년 조선임전보국단의 경성 지역 발기인과 평의원으로 활동했고, 1943년부터 매일신보사 주필과 취체역을 겸했으며, 국민총력조선연맹 선전부 문화위원회 위원으로 임명됐다. 도쿄 유학생들의 2·8 독립선언에 참여한 공적으로 1963년 건국훈장 독립장이 추서됐으나, 전시체제 시기 행적 논란으로 1996년 서훈이 취소됐다. 이후 국립대전현충원에 있던 묘가 2004년 이장됐다.

선우혁
1882~?

독립운동가. 독립만세운동을 종용해 3·1혁명을 일으키는 데 일조했다. 이후 대한민국임시정부에서 교통차장에 선임됐고, 신한청년당을 조직, 운영했다. 1934년 항저우로 옮겨 가서는 송병조, 김두봉, 조소앙 등과 한국독립당을 조직해 대한민국임시정부를 지원했다. 1962년 건국훈장 독립장 수훈.

송진우
1887~1945

교육가, 언론인, 정치가. 전라남도 담양 출생으로 일본 유학생 시절 친목회를 조직하고 기관지 〈학지광〉을 펴냈다. 1915년 메이지대학 법과를 졸업하고 귀국해서는 1916년 중앙학교를 인수하고 교장이 됐다. 이후 김성수, 최린, 최남선 등과 함께 3·1혁명을 준비했고, 이로 인해 1년 반 동안 옥살이를 했다. 1921년 김성수의 뒤를 이어 동아일보사의 제3대 사장으로 취임했고, 이후 20년 동안 폐간될 때까지 고문, 주필 등을 맡았다. 그동안 동아일보사를 바탕으로 물산장려운동, 민립대학 설립운동, 브나

로드운동 등을 주도적으로 전개했다. 1936년 베를린올림픽 마라톤 우승자인 손기정 선수의 사진에서 일장기를 지우는데, 이를 계기로 무기 정간당하고 사장에서 사임했다. 광복 이후 한국민주당이 창당되자 수석 총무직을 맡았으며 〈동아일보〉가 복간되자 다시 사장에 취임했다. 1945년 12월 우익 단체 활동가인 한현우 등에 암살당했다. 1963년 건국훈장 독립장 수훈.

신익희
1894~1956

독립운동가. 본관은 평산. 자는 여구, 호는 해공이다. 경기도 광주에서 판서를 지냈던 신단의 아들로 태어났다. 1908년 한성외국어학교를 졸업하고 일본 와세다대학 정경학부에 입학했다. 1913년 귀국한 뒤 보성법률고등학교에서 비교헌법 등의 강의를 맡았다. 1918년 미국 윌슨 대통령의 민족자결주의 원칙이 발표됨에 따라 독립운동에 뛰어들어 3·1혁명의 사전 준비 작업에 큰 기여를 했다. 1919년 3월 상하이로 망명한 뒤 대한민국임시정부의 임시헌법을 기초했다. 임시정부에서 초대 대의원, 초대 내무차관, 내무총장, 법무총장, 외무총장 등을 역임했다. 국민대표회의에서는 임정 고수파의 위치에서 사태를 수습하고자 시사책진회를 조직하기도 했다. 독립운동 방법에서는 최종적 단계에서의 군사행동을 강조하는 측면이 있었다. 이에 따라 1927년 중국국민당 군 중장에 위촉돼 한중 연합 게릴라 부대 조직을 추진했다. 1930년대에는 민족유일당운동에 참여해 민족혁명당 결성에 일조했다. 광복 후에는 1945년 12월 귀국하여 대한독립촉성국민회를 만들어 부회장을 지냈으며 임시정부 계통과는 달리 활동했다. 미 군정하의 남조선과도입법의원 의장을 거쳐 제헌국회에서 활동했으며 초대 대통령이 된 이승만의 뒤를 이어 국회의장이 됐다. 1947년에는 대한국민당을 지청천 등과 함께 결성했고, 1950년에는 한국민주당과 합당했다. 사사오입 개헌 이후 이승만 정권이 지지를 잃자 장면, 조병옥 등과 민주당을 창당하고 1956년 야당의 대통령 후보로 출마했으나 선거 유세를 위해 이동하던 중 기차 안에서 심장마비로 사망했다. 1962년 건국훈장 대한민국장 수훈.

안병찬
1879~1921

독립운동가. 을사오적의 척결을 주장하는 상소를 올리고, 일진회에 대항했다. 안중근, 이재명 등 의사들을 위해 변호했다. 3·1혁명 후 만주로 망명해 대한독립청년단을 조직했다가 체포됐다. 1921년 공산주의로 전향해 이르쿠츠크파 고려공산당의 상하이 지부를 맡았다가 상하이파에게 암살당했다. 1963년 건국훈장 독립장 수훈.

오성묵
1886~1938

사회주의 운동가. 함경북도에서 태어나 만주로 이주했다. 1919년 러시아 공산당에 가입했고, 1920년에는 일본군이 시베리아에 진입함에 따라 러시아 아무르로 잠시 피신했다가 1921년 치타로 이동해 극동공화국 인민혁명군 참모부의 통역관으로 일했다. 2009년 건국훈장 애국장 수훈.

오세창
1864~1953

서예가, 독립운동가. 〈한성순보〉 기자이기도 했다. 1902년 손병희의 제안으로 천도교 신도가 됐다. 1909년 대한민보사를 설립하는 등 민족계몽운동을 전개했으며, 3·1혁명 당시에는 독립선언서를 검토하고 민족대표 33인 중 한 사람으로 참여했다. 6·25전쟁 중 피난지인 대구에서 사망했다. 1962년 건국훈장 대통령장 수훈.

원세훈
1887~1959

독립운동가, 정치가. 1911년 비밀결사 독립단을 조직했다. 이후 동만주로 망명해 1915년 5월 니콜라옙스크에서 이상설, 이동휘 등과 대동학교를 설립하고 철혈광복단을 조직했다. 1917년에는 문창범, 이동휘 등과 전로한족회 중앙총회를 조직했고, 이어서 1919년 2월에는 대한국민의회로 개칭하고 부의장에 재임했다. 국민대표회의에는 노령 한족 대표로 참가했고, 창조파의 편에 섰다. 블라디보스토크, 베이징 등을 거치며 독립운동을 전개하던 중 일본 경찰에 다시금 체포돼 국내로 송환되었고, 이후 국내에서 잡지 〈중앙시보〉를 편찬해 교육계몽운동을 추구하는 한편 일제의 통치를 비판했다. 해방 후에는 6·25전쟁이 발발하자 납북되었고, 1959년 국제 간첩으로 몰려 숙청당했다. 1989년 건국훈장 독립장 수훈.

유관순
1902~1920

독립운동가. 1902년 충청남도 천안 출신. 부친이었던 유중권은 개신교인이자 개화인사로서 흥호학교를 세워 민족 교육 운동을 전개했던 계몽운동가였다. 부친의 영향으로 공주 영명여학교를 다닌 후 기독교 감리교의 미국인 선교사 주선으로 이화학당에 편입했는데, 이화학당 1학년 3학기에 재학 중이던 1919년에 3·1혁명이 일어난다. 유관순은 이화학당 내 비밀결사인 이문회를 통해 만세운동을 사전에 포착하고, 전날 결사대를 조직해 만세운동에 참가하기로 한다. 3월 5일에는 남대문 독립만세운동에 참여했으며 조선총독부의 휴교령에 따라 이화학당이 휴교하자 독립선언서를 소지한 채 천안으로 귀향했다. 부친 유중권을 비롯해 감리교 인원, 동네 유지들과 상의하여 4

월 1일 아우내 장날에 만세운동을 열기로 결정하고, 3월 31일 봉화를 올려 안성, 목천, 연기, 청주, 진천 등 인근 지역의 참여를 도모했다. 유관순은 군중에게 태극기를 나눠 주고 대열의 선두에 서서 독립 만세를 외치며 시위를 주도했다. 오후 2시경부터 일 본 헌병의 진압이 시작됐고, 유관순의 부모가 헌병의 총에 살해됐다. 유관순도 체포 되어 범죄의 시인과 수사 협조를 요구받지만 거부했다. 천안경찰서 일본 헌병대에서 공주경찰서로 이감돼 공주지방법원에서 5년 형을 선고받았다. 이에 불복해 항소했다 가 항소심에서 징역 3년을 선고받고 서대문 형무소에 감금되었다. 옥중에서도 어윤 희, 박인덕 등과 함께 독립 만세를 외치다가 지속된 고문과 구타의 영향으로 1920년 9월 28일 사망했다. 1962년 건국훈장 독립장, 대한민국장 수훈.

유여대
1878~1937

목사, 독립운동가. 문맹 퇴치, 민중 계몽에 힘썼다. 1919년 3·1혁명 때 민족대표 33 인 중 한 사람으로 참여한 한편, 의주에서의 만세운동을 따로 계획했다. 출옥 후 양 실학교를 재건하고, 민중 계몽 활동을 이어나갔다. 1962년 건국훈장 대통령장 수훈.

윤기섭
1887~1959

독립운동가, 교육가, 정치가. 대한민국임시정부에 부민단 대표로 참가했으며 군사 와 교육, 법 분야에서 활동했다. 민족유일당운동에 앞장서 한국혁명당과 한국독립 당을 창당했고 1935년에는 민족혁명당 창당에도 참여했다. 해방 후에는 민족혁명 당 중앙집행위원으로 활동했고 민주주의민족전선 부의장을 지냈다. 1989년 건국훈 장 대통령장 수훈.

윤현진
1892~1921

독립운동가. 일본 메이지대학에서 법률을 공부했다. 귀국과 동시에 안희제와 대동청 년당에서 활동했다. 3·1혁명 때는 고향에서 만세운동에 적극 가담해 활동하다가 상 하이로 망명, 대한민국임시정부를 조직했다. 초대 재무차장에 선임돼 임시정부의 재 정 문제 해결에 힘썼다. 1962년 건국훈장 독립장 수훈.

이강
1878~1964

독립운동가. 평안남도 출신으로 국권피탈 전 미국에 거주했다. 1904년 공립협회 창 립에 참여했고, 기관지 〈공립신문〉의 주필이 됐다. 1907년에는 안창호와 국내로 들 어와 신민회를 조직했다. 안중근의 이토 히로부미 암살 계획에도 참여했다. 이후 상 하이로 건너가 대한민국임시정부에 합류, 8·15광복을 맞이할 때까지 독립운동에 헌 신했다. 1962년 건국훈장 독립장 수훈.

이광
1879~1966

정치가, 독립운동가. 신민회에 가입해 활동하다 한일 병합 이후 만주로 망명, 경학사, 신흥학교, 삼원보 건설에 참여했다. 1919년 대한민국 임시의정원 의원으로 선출됐다. 1932년에는 난징에서 각 단체 연합체인 한국광복진선을 결성했고, 8·15광복 이후에는 귀국해 충북도지사, 감찰위원회 위원장, 체신부 장관 등을 역임했다. 1963년 건국훈장 독립장 수훈.

이규갑
1887~1970

목사, 독립운동가. 1919년 한성임시정부를 조직해 평정관에 선출되고, 그해 4월 10일 대한민국임시정부 수립에 참여해 임시의정원 충청도 대표의원에 선임됐다. 1927년 신간회 경동지회장이 되어 민족유일당운동을 전개했고, 8·15광복 후 조선건국준비위원회의 재무부장으로 활동했다. 1962년 건국훈장 독립장, 대한민국장 수훈.

이진호
1867~1946
親日

조선 말기 무관, 친일 반민족 행위자. 1895년 춘생문 사건을 밀고해 실패하게 만들고, 아관파천 이후 일본으로 망명했다. 이후 일본과 입장을 같이하면서 확실한 친일의 길을 걷는다. 1924년 조선총독부 학무국장에 취임해 국장급에 오른 최초의 한국인이 됐다. 1931년 중추원 참의로 임명됐다.

이춘숙
1889~1935

독립운동가. 함경남도 정평 출신으로 일본에 유학했다. 대한민국임시정부에 참여했으며 이후 임시정부 임시의정원 부의장, 군무차장, 학무차장 등을 역임하며 임시정부 헌법, 공채 발행 조례 등 법 제정에 기여했다. 일제에 체포돼 5년간 징역을 살고 출옥한 후에는 신간회에서 활동했다. 2008년 건국훈장 독립장 수훈.

이한영
?~?

사회주의 운동가. 1918년 한인사회당 결성에 참여했다. 박애, 박진순과 코민테른 제2차 대회에 참가했으며 러시아로부터 자금을 지원받았다. 상하이로 돌아와 이동휘, 김립과 한인사회당을 고려공산당으로 개칭했다. 이후 상하이파로 연해주에서 활동하던 중 자유시사변을 겪었다.

장덕수
1894~1947
親日

친일 반민족 행위자. 1912년 일본에 유학하면서 학생운동을 이끌었고 1917년 상하이에서 여운형, 신규식 등과 신한청년당을 결성했다. 1919년 독립운동 자금을 모으던 중 일본 경찰에 체포됐다. 출옥한 후 〈동아일보〉를 창간하고 초대 주필이 됐다. 이후 변절해 국민정신총동원 조선연맹 등의 단체에서 요직을 맡고 일제의 침략 전쟁을 지지하는 글을 발표했다. 해방 후 자신의 집에서 현직 경찰과 학생에게 암살당했다.

장도정

?~?

사회주의 운동가. 1918년에 이동휘 등과 하바롭스크에서 한인사회당을 조직했다. 적백 내전 당시 일본군을 상대로 시베리아 철수와 일본의 공화주의 혁명 선동을 담은 경고문을 배포했다. 상하이파로서 이르쿠츠크파와 대립했고, 자유시사변 때 이르쿠츠크파에 의해 옥고를 치렀다. 2009년 건국훈장 애국장 수훈.

장석주

1848~1921

親日

조선 말기 문관, 친일 반민족 행위자. 〈한성순보〉 발간에 참여하고 주필로 활동했다. 을미사변 주범으로 체포령이 떨어지자 일본으로 망명했고, 이후 지속적인 친일의 길을 걸었다. 특히 3·1혁명 당시 무력 진압을 총독에게 적극 건의했다.

전협

1878~1927

독립운동가. 대한제국 시기 군수 등을 역임하다 독립운동 자금 조성 활동이 발각되어 3년 형을 받고 복역했다. 항일운동을 위해 비밀결사 대동단을 조직하고 〈대동신문〉을 발간했다. 의친왕의 망명 공작 수행 중 체포돼 복역했으며, 병보석으로 풀려나 곧 사망했다. 1982년 건국포장, 1990년 건국훈장 애국장 수훈.

정정화

1900~1991

독립운동가. 시아버지인 대동단 총재 김가진을 따라 3·1혁명 직후 상하이로 이주했다. 1930년까지 대한민국임시정부 자금을 마련하기 위해 국내를 여섯 차례 다녀갔다고 전해진다. 임시정부의 살림과 독립운동가 자녀 교육 등을 도맡았다. 한국혁명여성동맹, 대한애국부인회 등 여성 조직에서 주로 활동했다. 1982년 대통령 표창, 1990년 건국훈장 애족장 수훈.

정춘수

1873~1953

親日

종교인, 친일 반민족 행위자. 충북 청주 출생. 1919년 3·1혁명 때 민족대표 33인으로 참여했다. 이후 목회자로 활동하다가 1927년 신간회 간사로 선출됐다. 1938년 흥업구락부 사건으로 구속됐다가 전향을 선언하고 활발한 친일 활동을 펼쳤다. 1940년 국민정신총동원 기독교 조선감리회연맹 이사장, 1941년 국민총력조선연맹 문화부 문화위원, 조선임전보국단 평의원 등 다양하게 친일 행위를 했다. 광복 후 감리교에서 감리교 지도자들의 친일 행각을 폭로하는 성명이 발표됨으로써 활동에 제한을 받았고 이후 반민특위에도 체포됐으나 기소유예로 풀려났다.

조완구

1881~1955

독립운동가. 대종교에 입교해 북간도 일대에서 선교 활동에 종사하던 중 3·1혁명에 즈음하여 상하이로 이동했다. 대한민국임시정부 창설에 참여했고, 1931년에는 중국 측과 항일투쟁 연합 전선을 구축했으며, 이봉창, 윤봉길 의거도 함께했다. 8·15광복

후 귀국했다가 6·25전쟁 때 납북됐다. 1989년 건국훈장 대통령장 수훈.

주요한
1900~1979
親日

시인, 언론인, 정치가, 친일 반민족 행위자. 평양 출생으로, 소설가 주요섭의 형이다. 〈동아일보〉, 〈조선일보〉에서 활동하다 1937년 수양동우회사건으로 검거되고, 이후 전향을 선언했다. 문필 활동을 통해 일제에 협력했으며, 많은 친일 글을 남겼다. 해방 후 반민특위에 체포됐다가 풀려났다. 이후 국회의원, 장관 등을 지냈다.

최고려
1893~?

사회주의 운동가. 연해주 출신으로, 한인보병 자유대대라는 무장 부대를 편성했다. 대한국민의회 군정위원장에 배치됐으며 1920년 러시아 공산당에 가입했다. 이르쿠츠크파 고려공산당에서 중앙위원으로 활동했다.

최근우
?~1961

독립운동가. 경기도 개성 출신으로 일본에 유학하여 도쿄상과대학을 졸업했다. 이후 1918년 조선청년독립단을 결성해 독립시위운동을 계획했다. 1919년 2·8 독립선언서에 대표 11인 가운데 한 사람으로 서명했다. 같은 해 4월 중국 상하이로 망명해 대한민국임시정부 수립에 참가, 의정원의원으로 참여했다. 11월 여운형이 일본으로 갈 때 수행원으로 따라가 한국의 절대 독립을 주장했다. 그 뒤 베를린과 파리에서 공부하고 1928년 귀국, 사회운동에 참여했다. 1945년 광복을 맞이하자 여운형과 같이 건국준비위원회에 참여했고, 같은 해 9월 조선인민공화국 중앙인민위원회 후보위원으로, 그리고 외무부장 대리로 선임됐고, 1961년 5·16군사정변 이후 피검되어 서대문형무소에서 옥사했다.

최린
1878~1958
親日

종교인, 친일 반민족 행위자. 함경도 함흥 출신. 1904년 국비 유학생으로 일본에 유학했다. 일본 유학생회를 조직해 회장이 됐고, 1905년에는 동맹휴교를 주도했다. 1906년 메이지대학 법과에 입학해 1909년 졸업하고 귀국했다. 1910년 손병희를 만나 천도교에 입교했고, 천도교단에서 보성중학교를 인수하자 1911년에 교장으로 취임했다. 1919년 3·1혁명 시기에는 민족대표 33인 중 한 명으로서 3·1 독립선언에 참여했다. 이 사건으로 3년간 옥고를 치르고 1921년 출옥했다. 조선민립대학 설립운동에 참여해 조선민립대학 기성회의 중앙부 집행위원으로 활동했다. 1927년부터 1928년까지는 미국과 유럽 등지를 여행하고 돌아왔는데, 이때 자치론에 대한 본인의 신념을 더욱 확고히 했다. 1929년에는 조선어사전 편찬 사업에 참여했다. 편찬회 발기인으로 활동했고, 손병희 사망 후 내분을 겪는 천도교에서는 민족개량주의와 자치론을 내세우는 신파 무리를 이끌며 도령의 지위에 올라 교단을 이끌었다. 그러나 1934년 조선총독부 자문 기구인 중추원 참의에 임명되고, 1935년에는 조선총독부 식민 통치 25주년을 기념하며 〈매일신보〉에 축사를 쓰고, '조선인 징병제 요망운동'의 발기인으로서 징병제 실시를 주장하고 중일전쟁을 미화하는 글을 기고하는 등 천도교 교단을 이끌면서 교단의 친일 행적에 크게 기여했다. 태평양전쟁 중에는 학병의 동원을 주장했고, 각종 행사에서 전쟁 참여를 독려하고 일제의 황민 사상을 전파하는 연설을 했다. 해방 이후 1949년 반민특위에 체포돼 세 차례 공판을 받았는데, 이때 자신의 친일 행위를 시인했다. 이후 병보석으로 풀려났으며 6·25전쟁 때 납북되어 1958년 사망했다.

최익환
1889~1959

독립운동가. 과거 일진회에 가입해 활동한 과거를 반성하고 공금과 함께 망명하려다 발각돼 옥고를 치렀다. 3·1혁명 때 대동단을 결성해 자금 모집과 선전 활동을 하다 권태석, 나경섭 등 동료들과 체포됐다. 출옥 후 신간회 결성에 참여했으며 8·15광복 후에는 신한민족당을 창당하고 정치 활동을 했다. 1968년 대통령 표창, 1977년 건국포장, 1990년 건국훈장 애국장 수훈.

한상룡
1880~1947
親日

정치가, 경제인, 친일 반민족 행위자. 1927년 조선총독부 중추원 참의로 임명돼 1941년까지 네 차례 연임했다. 1935년 조선총독부 시정 20주년 기념식에서 경제계에 기여한 공로로 표창을 받았다. 중일전쟁이 일어나자 조선군 사령부를 방문해 국방헌금을 헌납했다. 8·15광복 직전에는 전시 동원 단체 국민의용대의 고문으로 활동했다.

한용운
1879~1944

시인, 승려, 독립운동가. 호는 만해(萬海). 1896년 출가해 설악산 오세암에서 불교에 대한 기초 지식을 섭렵한 후 시베리아 등지를 떠돌다 귀국했고, 1905년 재입산했다. 1910년 《조선불교유신론》을 집필해 한국 불교의 개혁 방안을 논했고, 1914년 불교 대중화를 위해 대장경을 재구성한 《불교대전》을 발간했다. 3·1혁명 당시에는 최린을 찾아가 독립운동을 제안했고, 민족대표 33인의 한 사람으로 참여해 직접 대표 연설을 했다. 불교계 대표 인사로서 독립선언서를 3,000장 인쇄해 지방 사찰에 배포했으며 만세운동의 전국화에 기여했다. 독립선언 후 체포되어 3년간 서대문 형무소에서 복역했는데, 이때 변호사를 대지 않고, 사식을 취하지 않으며, 보석을 요구하지 않는 옥중투쟁 3원칙을 제시하면서 독립의 당위성을 주장하는 '대한 독립의 서'를 작성했다. 출옥한 후에는 불교개혁운동, 조선물산장려운동에 참여했고, 1920년대에는 대처승운동을 주도해 중에게도 결혼할 권리를 달라고 호소했다. 1926년 시집《님의 침묵》을 출판하여 저항문학에 앞장섰고, 불교를 통한 청년운동, 언론 활동에 참여했다. 1927년 2월부터는 신간회에 참여해 중앙집행위원과 이듬해 신간회 경성지부장을 지냈다. 1944년 6월 29일, 중풍과 영양실조 등의 합병증으로 병사했다. 1962년 건국훈장 대한민국장 수훈.

한형권
?~?

사회주의 운동가. 1911년 권업회, 1918년 한인사회당 등에 참여했다. 한인사회당의 대한민국임시정부 합류 과정에 큰 기여를 했고 레닌에게 지원받은 20만 루블을 상하이로 직접 이송해 임시정부 자금에 보탰다. 임시정부 국민대표회의에서는 창조파의 일원이었고, 이후 연해주에서 활동했다.

현상윤
1893~?
親日

교육가, 친일 반민족 행위자. 평북 정주 출생. 와세다대학을 졸업하고 귀국해 중앙고등보통학교 교사로 부임했다. 3·1혁명 당시 48인으로 피검됐으나 1920년 무죄판결을 받았다. 이후 교육계에서 활발히 활동하며 조선민립대학 기성회를 조직하는 등 실력양성운동을 펼쳤다. 중일전쟁 이후 국민정신총동원 조선연맹 참사, 조선유도연합회 평의원, 조선임전보국단 발기인으로 활동했다. 친일 단체 활동과 강연뿐만 아니라 언론 매체에 많은 친일 글을 기고해 전쟁 협력을 강조했다. 해방 이후 보성전문학교가 고려대학으로 인가되면서 초대 총장으로 취임했지만, 6·25전쟁 중 납북됐다.

현순
1880~1968

독립운동가. 1919년 3·1혁명 때 목사 신분으로 참여해 시위를 주도했다. 이후 상하이 프랑스 조계에 임시독립사무소를 개설하고 각국에 독립선언서를 발부했다. 대한민국임시정부 외무부, 내무부에서 활동하고, 1922년 안창호, 김구, 여운형 등과 임시정부를 지원하는 외곽단체인 시사책진회를 조직해 주요 간부로 활동했다. 1963년 건국훈장 독립장 수훈.

홍준표
1873~?
親日

친일 반민족 행위자. 1919년 일본어 보급을 위한 제국내선어학원 설립운동을 벌이고, 3·1혁명이 일어나자〈매일신보〉에 조선인 학생들에게 보내는 경고문을 실었다. 이후에도 끊임없이 친일 활동을 벌였다.

홍진
1877~1946

독립운동가. 국권피탈 이후 검사직을 사임하고 변호사로 개업한 뒤 1919년까지 독립운동가를 위한 변론을 주로 맡았다. 1919년 3·1혁명에 적극 가담한 뒤, 같은 해 4월 한성임시정부를 조직했다. 이후 상하이로 망명, 대한민국임시정부에 합류하여 법무총장, 내무총장, 외무총장 등 요직을 역임했다. 1927년 민족유일당 운동을 벌여 동북 지방의 3부(신민부, 정의부, 참의부)를 설득하고 한국독립당을 조직해 당수가 됐다. 만주사변 이후 당군을 한국독립군으로 개편하고 일제와 치열하게 싸웠으며, 이후 중국 관내로 들어와 1940년 여러 단체와 함께 한국독립당을 조직하고 중앙감찰위원장에 선임돼 한국광복군을 창설하는 데 전력했다. 1962년 건국훈장 독립장 수훈.

3·1 독립선언서
(원문)

오등吾等은 자玆에 아我 조선의 독립국임과 조선인의 자주민임을 선언하노라. 차此로써 세계만방에 고하야 인류평등의 대의大義를 극명克明하며, 차로써 자손만대에 고誥하야 민족자존의 정권正權을 영유永有케 하노라. 반만년 역사의 권위를 장仗하야 차를 선언함이며, 이천만 민중의 성충誠忠을 합하야 차를 포명佈明함이며, 민족의 항구여일한 자유발전을 위하야 차를 주장함이며, 인류적 양심의 발로에 기인한 세계개조의 대기운에 순응병진하기 위하야 차를 제기함이니, 시是 천天의 명명明命이며, 시대의 대세이며, 전 인류 공존동생권의 정당한 발동이라, 천하 하물何物이던지 차를 저지 억제치 못할지니라.

구시대의 유물인 침략주의, 강권주의의 희생을 작하야 유사 이래 누천년에 처음으로 이민족異民族 겸제箝制의 통고痛苦를 상嘗한 지 금今에 십 년을 과過한지라. 아 생존권의 박상剝喪됨이 무릇 기하幾何이며, 심령상 발전의 장애됨이 무릇 기하이며, 민족적 존영尊榮의 훼손됨이 무릇 기하이며, 신예新銳와 독창獨創으로써 세계 문화의 대조류大潮流에 기여보비寄與補裨할 기연機緣을 유실遺失함이 무릇 기하이뇨.

희嘻라, 구래의 억울을 선창宣暢하려 하면, 시하時下의 고통을 파탈擺脫하려 하면, 장래의 협위脅威를 삼제芟除하려 하면, 민족적 양심과 국가적 염의廉義의 압축소잔壓縮銷殘을 흥분 신장하려 하면, 각개 인격의 정당한 발달을 수遂하려 하면, 가련한 자제에게 고치적苦恥的 재산을 유여遺與치 아니하려 하면, 자자손손의 영구 완전한 경복慶福을 도영導迎하려 하면, 최대급무가 민족적 독립을 확실케 함이니, 이천만 각개가 인사마다 방촌方寸의 인刃을 회懷하고, 인류 통성通性과 시대 양심이 정의의 군軍과 인도人道의 간과干戈로써 호원護援하는 금일, 오인吾人은 진進하야 취取하매 하강何强을 좌挫치 못하랴, 퇴退하야 작作하매 하지何志를 전展치 못하랴.

병자수호조규 이래 시시종종時時種種의 금석맹약金石盟約을 식食하얏다 하야 일본의 무신無信을 죄하려 아니하노라. 학자는 강단에서, 정치가는 실제에서, 아 조종세업祖宗世業을 식민지시植民地視하고, 아 문화민족을 토매인우土昧人遇하야, 한갓 정복자의 쾌快를 탐할 뿐이오, 아의 구원한 사회기초와 탁락卓犖한 민족심리를 무시한다 하야 일본의 소의少義함을 책하려 아니하노라. 자기를 책려策勵하기에 급한 오인은 타他의 원우怨尤를 가暇치 못하노라. 현재現在를 주무綢繆하기에 급한 오인은 숙석宿昔의 징변懲辯을 가치 못하노라. 금일 오인의 소임은 다만 자기의 건설이 유有할 뿐이오, 결코 타의 파괴에 재在치 아니하도다. 엄숙한 양심의 명령으로써 자가自家의 신운명을 개척함이오, 결코 구원舊怨과 일시적 감정으로써 타를 질축배척嫉逐排斥함이 아니로다. 구사상, 구세력에 기미羈縻

廖된 일본 위정가의 공명적功名的 희생이 된 부자연, 우又 불합리한 착오상태를 개선광정改善匡正하야, 자연, 우 합리한 정경대원正經大原으로 귀환케 함이로다. 당초에 민족적 요구로서 출出치 아니한 양국 병합의 결과가, 필경 고식적 위압과 차별적 불평과 통계 숫자상 허식의 하에서 이해상반한 양 민족 간에 영원히 화동和同할 수 없는 원구怨溝를 거익심조去益深造하는 금래 실적을 관觀하라. 용명과감勇明果敢으로써 구오舊誤를 확정廓正하고, 진정한 이해와 동정에 기본한 우호적 신국면을 타개함이 피차간 원화소복遠禍召福하는 첩경임을 명지明知할 것 아닌가. 또 이천만 함분축원含憤蓄怨의 민民을 위력으로써 구속함은 동양의 영구한 평화를 보장하는 소이가 아닐 뿐 아니라, 차로 인하야 동양 안위의 주축인 사억만 지나支那人의 일본에 대한 위구危懼와 시의猜疑를 갈수록 농후케 하야, 그 결과로 동양 전국全局이 공도동망共倒同亡의 비운을 초치招致할 것이 명明하니, 금일 오인의 조선독립은 조선인으로 하야금 정당한 생영生榮을 수遂하게 하는 동시에, 일본으로 하야금 사로邪路로서 출出하야 동양 지지자인 중책을 전소케 하는 것이며, 지나支那로 하야금 몽매에도 면치 못하는 불안, 공포에서 탈출케 하는 것이며, 또 동양 평화로 중요한 일부를 삼는 세계 평화, 인류 행복에 필요한 계단이 되게 하는 것이라. 이 어찌 구구한 감정상의 문제이리오.

아아, 신천지가 안전眼前에 전개되도다. 위력의 시대가 거去하고 도의의 시대가 내來하도다. 과거 전세기前世紀에 연마장양錬磨長養된 인도적 정신이 바야흐로 신문명의 서광을 인류의 역사에 투사하기 시始하도다. 신춘新春이 세계에 내來하야 만물의 회소回蘇를 최촉催促하는도다. 동빙한설凍氷寒雪에 호흡을 폐칩閉蟄한 것이 피일시彼一時의 세勢라 하면 화풍난양和風暖陽에 기맥氣脈을 진서振舒함은 차일시此一時의 세이니, 천지의 복운復運에 제際하고 세계의 변조變潮를 승乘한 오인은 아모 주저할 것 없으며, 아모 기탄할 것 없도다. 아의 고유한 자유권을 호전護全하야 생왕生旺의 낙을 포향飽享할 것이며, 아의 자조한 독창력을 발휘하야 춘만春滿한 대계大界에 민족적 정화精華를 결뉴結紐할지로다.

오등이 자에 분기奮起하도다. 양심이 아와 동존同存하며 진리가 아와 병진幷進하는도다. 남녀노소 없이 음울한 고소古巢로서 활발히 기래起來하야 만휘군상萬彙群象으로 더부러 흔쾌한 부활을 성수成遂하게 되도다. 천백세千百歲 조령祖靈이 오등을 음우陰佑하며 전 세계 기운이 오등을 외호外護하나니, 착수가 곧 성공이라. 다만 전두前頭의 광명으로 맥진驀進할 따름인뎌.

공약삼장公約三章
一. 금일 오인吾人의 차거此擧는 정의, 인도, 생존, 존영尊榮을 위하는 민족적 요구이니, 오즉 자유적 정신을 발휘할 것이오, 결코 배타적 감정으로 일주一走하지 말라.
一. 최후의 일인一人까지 최후의 일각一刻까지 민족의 정당한 의사를 쾌快히 발표하라.

一. 일체의 행동은 가장 질서를 존중하야, 오인의 주장과 태도로 하야금 어대까지던지 광명정대光明正大하게
　 하라.

　　　　　　　　　　　　　　　　　　　　　　　조선 건국 4252년 3월 일

　　　　　　　　　　　　　　　　　　　　　　　　　　조선민족대표

손병희孫秉熙 길선주吉善宙 이필주李弼柱 백용성白龍城 김완규金完圭 김병조金秉祚 김창준金昌俊
권동진權東鎭 권병덕權秉悳 나용환羅龍煥 나인협羅仁協 양전백梁甸伯 양한묵梁漢默 유여대劉如大
이갑성李甲成 이명룡李明龍 이승훈李昇薰 이종훈李鍾勳 이종일李鍾一 임예환林禮煥 박준승朴準承
박희도朴熙道 박동완朴東完 신홍식申洪植 신석구申錫九 오세창吳世昌 오화영吳華英 정춘수鄭春洙
　　　　　최성모崔聖模 최 린崔 麟 한용운韓龍雲 홍병기洪秉箕 홍기조洪基兆

3·1 독립선언서

(번역)

우리는 오늘 조선이 독립한 나라이며, 조선인이 이 나라의 주인임을 선언한다. 우리는 이를 세계 모든 나라에 알려 인류가 모두 평등하다는 큰 뜻을 분명히 하고, 우리 후손이 민족 스스로 살아갈 정당한 권리를 영원히 누리게 할 것이다.

이 선언은 오천 년 동안 이어 온 우리 역사의 힘으로 하는 것이며, 이천만 민중의 정성을 모은 것이다. 우리 민족이 영원히 자유롭게 발전하려는 것이며, 인류가 양심에 따라 만들어가는 세계 변화의 큰 흐름에 발맞추려는 것이다. 이것은 하늘의 뜻이고 시대의 흐름이며, 전 인류가 함께 살아갈 정당한 권리에서 나온 것이다. 이 세상 어떤 것도 우리 독립을 가로막지 못한다.

낡은 시대의 유물인 침략주의와 강권주의에 희생되어, 우리 민족이 수천 년 역사상 처음으로 다른 민족에게 억눌리는 고통을 받은 지 십 년이 지났다. 그동안 우리 스스로 살아갈 권리를 빼앗긴 고통은 헤아릴 수 없으며, 정신을 발달시킬 기회가 가로막힌 아픔이 얼마인가. 민족의 존엄함에 상처받은 아픔 또한 얼마이며, 새로운 기술과 독창성으로 세계 문화에 기여할 기회를 잃은 것이 얼마인가.

아, 그동안 쌓인 억울함을 떨쳐 내고 지금의 고통을 벗어던지려면, 앞으로 닥쳐올 위협을 없애 버리고 억눌린 민족의 양심과 사라진 국가 정의를 다시 일으키려면, 사람들이 저마다 인격을 발달시키고 우리 가여운 자녀에게 고통스러운 유산 대신 완전한 행복을 주려면, 우리에게 가장 급한 일은 민족의 독립을 확실하게 하는 것이다.

오늘, 우리 이천만 조선인은 저마다 가슴에 칼을 품었다. 모든 인류와 시대의 양심은 정의의 군대와 인도의 방패가 되어 우리를 지켜 주고 있다. 그러므로 우리는 나아가 싸우면 어떤 강한 적도 꺾을 수 있고, 설령 물러난다 해도 이루려 한다면 어떤 뜻도 펼칠 수 있다.

우리는 일본이 1876년 강화도조약 뒤에 갖가지 약속을 지키지 않았다고 해서 일본을 믿을 수 없다고 비난하는 게 아니다. 일본의 학자와 정치가들이 우리 땅을 빼앗고 우리 문화 민족을 야만인 대하듯 하며 우리의 오랜 사회와 민족의 훌륭한 심성을 무시한다고 해서, 일본의 의리 없음을 탓하지 않겠다. 스스로를 채찍질하기에도 바쁜 우리에게는 남을 원망할 여유가 없다. 우리는 지금의 잘못을 바로잡기에도 급해서, 과거의 잘잘못을 따질 여

유도 없다. 지금 우리가 할 일은 우리 자신을 바로 세우는 것이지 남을 파괴하는 것이 아니다. 양심이 시키는 대로 우리의 새로운 운명을 만들어 가는 것이지 결코 오랜 원한과 한순간의 감정으로 샘이 나서 남을 쫓아내는 것이 아니다. 우리는 단지, 낡은 생각과 낡은 세력에 사로잡힌 일본 정치인들이 공명심으로 희생시킨 불합리한 현실을 바로잡아, 자연스럽고 올바른 세상으로 되돌리려는 것이다.

처음부터 우리 민족이 바라지 않았던 조선과 일본의 강제 병합이 만든 결과를 보라. 일본이 우리를 억누르고 민족 차별의 불평등과 거짓으로 꾸민 통계 숫자에 따라 서로 이해가 다른 두 민족 사이에 화해할 수 없는 원한이 생겨나고 있다. 과감하게 오랜 잘못을 바로잡고, 진정한 이해와 공감을 바탕으로 사이좋은 새 세상을 여는 것이, 서로 재앙을 피하고 행복해지는 지름길임이 분명하지 않은가!

또한 울분과 원한에 사무친 이천만 조선인을 힘으로 억누르는 것은 동양의 평화를 보장하는 길이 아니다. 이는 동양의 안전과 위기를 판가름하는 중심인 사억만 중국인들이 일본을 더욱 두려워하고 미워하게 하여 결국 동양 전체를 함께 망하는 비극으로 이끌 것이 분명하다. 오늘 우리 조선의 독립은 조선인이 정당한 번영을 이루게 하는 것인 동시에, 일본이 잘못된 길에서 빠져나와 동양에 대한 책임을 다하게 하는 것이다. 또 중국이 일본에게 땅을 빼앗길 것이라는 불안과 두려움으로부터 벗어나게 하는 것이며, 세계 평화와 인류 행복의 중요한 부분인 동양 평화를 이룰 발판을 마련하는 것이다. 조선의 독립이 어찌 사소한 감정의 문제인가!

아, 새로운 세상이 눈앞에 펼쳐지는구나. 힘으로 억누르는 시대가 가고, 도의가 이루어지는 시대가 오는구나. 지난 수천 년 갈고닦으며 길러 온 인도적 정신이 이제 새로운 문명의 밝아 오는 빛을 인류 역사에 비추기 시작하는구나. 새봄이 온 세상에 다가와 모든 생명을 다시 살려 내는구나. 꽁꽁 언 얼음과 차디찬 눈보라에 숨 막혔던 한 시대가 가고, 부드러운 바람과 따뜻한 볕에 기운이 도는 새 시대가 오는구나. 온 세상의 도리가 다시 살아나는 지금, 세계 변화의 흐름에 올라탄 우리는 주저하거나 거리낄 것이 없다. 우리는 원래부터 지닌 자유권을 지켜서 풍요로운 삶의 즐거움을 마음껏 누릴 것이다. 원래부터 풍부한 독창성을 발휘하여 봄기운 가득한 세계에 민족의 우수한 문화를 꽃피울 것이다.

그래서 우리는 떨쳐 일어나는 것이다. 양심이 나와 함께 있으며 진리가 나와 함께 나아간다. 남녀노소 구별 없이 어둡고 낡은 옛집에서 뛰쳐나와, 세상 모두와 함께 즐겁고 새롭게 되살아날 것이다.

수천 년 전 조상의 영혼이 안에서 우리를 돕고, 온 세계의 기운이 밖에서 우리를 지켜 주니, 시작이 곧 성공이다. 다만, 저 앞의 밝은 빛을 향하여 힘차게 나아갈 뿐이다.

세 가지 약속

하나,
오늘 우리의 독립 선언은 정의, 인도, 생존, 존영을 위한 민족의 요구이니, 오직 자유로운 정신을 드날릴 것이
요, 결코 배타적 감정으로 함부로 행동하지 말라.

하나,
마지막 한 사람까지, 마지막 한 순간까지, 민족의 정당한 뜻을 마음껏 드러내라.

하나,
모든 행동은 질서를 존중하여 우리의 주장과 태도를 떳떳하고 정당하게 하라.

조선 건국 4252년 3월 일

조선민족대표

손병희孫秉熙 길선주吉善宙 이필주李弼柱 백용성白龍城 김완규金完圭 김병조金秉祚 김창준金昌俊
권동진權東鎭 권병덕權秉悳 나용환羅龍煥 나인협羅仁協 양전백梁甸伯 양한묵梁漢默 유여대劉如大
이갑성李甲成 이명룡李明龍 이승훈李昇薰 이종훈李鍾勳 이종일李鍾一 임예환林禮煥 박준승朴準承
박희도朴熙道 박동완朴東完 신홍식申洪植 신석구申錫九 오세창吳世昌 오화영吳華英 정춘수鄭春洙
최성모崔聖模 최 린崔 麟 한용운韓龍雲 홍병기洪秉箕 홍기조洪基兆

– 출처:최익현 외 《원문 사료로 읽는 한국 근대사》 (이주명 편역), 필맥, 2014.

이승만의 위임청원론

(1919년)

請願書

1. 열강은 한국을 일본 학정하에서 구출하며

2. 열강은 我國의 장래 완전 독립을 보증하며

3. 我國을 아직 국제연맹 통치하에 둘 일

1919년 2월 25일 워싱턴

미국 대통령 각하여 大韓人國民會 委員會는 이 청원서에 서명한 대표자로 하여금 下와 如한 공식의 청원서를 각하께 提呈하나이다.

노우스아메리카, 하와이, 멕시코, 淸國과 및 우루시아에 在留하는 한인들은 우리 이천만의 목소리를 대표하여 이하의 사실을 들어 각하께 呼籲하나이다.

일본은 日俄戰爭(러일전쟁) 後에 한일조약상 의무를 저버리고 한국에 보호정치를 施行하였나이다. 처음 日俄戰爭이 개시할 時에 한국이 일본에 협조하기 위하여 한일조약을 체결한 것은 공문상 기록에 載在하였나이다. 한국이 이 조약을 체결한 것은 일본이 한국 독립과 영토의 보호를 보증한 까닭이거늘 그 후 일본은 한국을 戰利品처럼 점령하였으니 이는 일본이 조약을 違反한 것이오다. 대저 한국은 보호조약으로 합병 조약까지 허락한 적이 없었나이다. 한국 인민과 황제뿐만 아니라 당시 집정 대신들까지 절대적 거절하였나니 그런고로 일본이 한국을 점령한 것은 모두 병력으로 한 것뿐이올시다.

일본은 한국을 합병한 후 한인이 생각하기에 매우 暴虐한 정책을 썼나이다. 富源과 物産의 발전은 모두 日人을 위하였고 한인을 위한 것이 없으며 한인의 사업은 적은 것까지 방해하며 韓人 商民은 日人 商民처럼 영업하지 못하도록 일본 정부로서 억지로 만들어 놓으며 일본 內地에 貧民 여러 千萬을 移民하여다가 한인의 것으로 먹고살게 하므로 경제상 곤란으로 말미암아 한인은 일인의 경제적 노예가 될 지경이올시다.

문명과 정신적 발전으로 말하면 일본이 한국을 다스린 정치는 한국에 大損害를 끼쳤나이다. 일본 정부는 한국의 역사와 문학적 서적을 도서관과 민가에서 압수하여다가 燒火하였고 신문 잡지를 封禁하였으며 일본어를 官話로 만들 뿐만 아니라 학교 課程語로 쓰게 하며 소위 교육령은 학교에서 일본 神敎는 가르쳐도 耶蘇敎는 가르치지 못하게 하며 또는 역사 지리 方言을 가르치지 못하게 하며 이와 같이 가혹한 교육령에 정하기를 무릇 한국 학교는 반드시 日人 校長 관리하에 있게 하였고 한인 아동으로 하여금 일본 국기에 경례케 하며 日皇의 화상에 절을 시키며 일본 정부는 한국 학생의 구미 유학을 엄금하나이다. 한인의 공동 집회를 금지하며 심지어 종교적 집회에도 日人 헌병을 보내어 은밀이 정탐하며 강제로 협박하나이다. 대저 일본 정부의 관원들은 한국 耶蘇敎會를 여지없이 박멸하나니 이는 1912년 교회 핍박 시에 韓人 耶蘇敎 領袖와 교인 천여 명을 惡刑 拷問한 것을 보아도 可히 證據할 일이올시다.

　　이상에 말씀한 것은 다만 韓人들이 日人의 압박을 받는 참혹한 情形의 大略이올시다. 각하께서 세계 만민을 위하여 정의와 평등을 주창하는 줄 아나이다. 그런고로 우리 민족 자결과 정치적 독립을 원하는 한인들은 각하께 청원하나니 각하께서 平和會를 주재하여 모든 압제받은 국가 민족의 運命을 제정할 시에 각하의 지위를 이용하여 우리로 하여금 정의를 확립하도록 힘써 주시기를 바라나이다.

　　우리는 자유를 사랑하는 이천만의 이름으로 각하께 청원하나니 각하는 평화회에서 우리의 자유를 주창하여 평화회에 모인 열강으로 하여금 먼저 한국을 일본의 학정하에서 벗어나게 하시면 장래 완전 독립을 보증하시면 아직은 한국을 國際聯盟 통치하에 두게 하시옵소서. 이렇게 할 지경이면 大韓半島는 萬國의 通商地가 될지라. 이렇게 하여 한국을 遠東의 緩衝機를 만들어 놓으면 어느 一國이든지 東亞 大陸에서 침략 정책을 쓰지 못할 것이오 동양 평화를 영원히 보전할 것이올시다.

　　公式으로 세계대전에 참여치 못한 나라를 위하여 이와 같이 하여 주는 것이 어려운 줄을 우리도 짐작지 못하는 바가 아니올시다. 그러나 우리나라 사람들도 전쟁 시에 여러 천 명이 우루시아 義勇兵으로 연합군을 위하여 設軍 出戰하였고 또는 미국에 在留한 韓人들도 자기들의 정성과 역량을 다하여 共和의 원리를 위하여 인력과 재력을 바쳤나이다. 그리고 한국에 있는 미국의 종교와 상업상 관계로 말하여도 미국에서 한국 정형을 等閒이 볼 수 없나이다. 우리 한국 인민들은 미국에서 한국을 돕기로 한 한미 조약을 잊어버린 적이 없고 또 한인들은 미국의 同情을 잃어버릴 일을 무슨 일이든지 행한 것이 도무지 없나이다.

　　미국은 이와 같이 民族自決主義를 가진 韓人을 도울 의무가 있는 밖에 또 한 가지 생각할 것은 미국은 자기의 권리와 이익을 위하여서도 일본이 원동에서 침략하는 것을 等閒이 보지 못할 것이며 또는 자유를 사랑하는 이천만 韓人으로 하여금 이 시대에 다른 나라의 束縛을 받게 되면 이로써 世界上 民主政策主義가 완전히 발전되지 못할 것이올시다.

　각하의 영원 평화를 창조하시는 근본 大旨가 모든 발달된 爲國的 갈망에 큰 만족을 줌이라 하였으니 이 大旨는 평화회에서 모든 일을 규정하는 데 模範이 될 것이라. 이 大旨 속에 韓人이 위국적 갈망을 포함한 것은 묻지 않아도 가히 알 것이라. 우리는 간절히 바라나니 각하께서 잘 幹旋하여 한국 인민으로 하여금 천부의 자유를 찾게 하시며 한국 인민으로 하여금 자기가 원하는 정부를 자기들이 건설하고 그 政府下에서 살게 하시기를 바라나이다.

大韓人國民會 中央總會 臨時委員會

代表員 李承晩(이승만)

鄭翰景(정한경)

대한민국임시정부 공보 1921년 7월 20일 자

대한독립선언서(무오독립선언서)

(1919년)

　우리 대한의 동족 남매와 세계의 우방 동포들이여. 우리 대한은 완전한 자주독립과 신성한 평등 복리로 우리 자손들에게 세대를 거듭하여 전하기 위하여 이에 이민족 전제의 학대와 억압을 벗고 대한 민주의 자립을 선포하노라.

　우리 대한은 예부터 우리 대한의 한韓이며 이민족의 한韓이 아니다. 반만년 역사의 내치와 외교는 한왕한제韓王韓帝의 고유한 권한이요 백만방리百萬方里의 높은 산과 아름다운 물은 한남한녀韓男韓女의 공유 재산이다. 기골과 문언이 아시아와 유럽에서 빼어나고 순수한 우리 민족은 능히 자신의 나라를 옹호하며 만방과 화협하여 세계와 함께 나아갈 민족이다. 한韓 일부의 권리라도 이민족에게 양보할 뜻이 없으며 한韓 일척의 땅이라도 이민족이 점할 권한이 없으며 한韓 한 사람의 백성이라도 이민족이 간섭할 조건이 없으니 우리 한韓은 완전한 한인의 한韓이다.

　(중략)

　하늘이 그들의 추악한 행실을 싫어하시어 우리에게 좋은 기회를 주시니 하늘을 따르며 사람에 응하여 대한 독립을 선포하는 동시에 그의 합방하던 죄악을 널리 알려 징벌하니 첫째, 일본의 합방 동기는 그들의 소위 범일본주의汎日本主義를 아시아에 제멋대로 행한 것이니 이는 동양의 적이다. 둘째, 일본의 합방 수단은 사기 강박과 불법 무도와 무력 폭행을 두루 갖춘 것이니 이는 국제 법규의 악마이며 셋째, 일본의 합방 결과 군경의 야만적 권력과 경제의 압박으로 종족을 마멸하고 종교를 강박하고 교육을 제한하여 세계 문화를 저해하였으니 이는 인류의 적이다. 이런 까닭으로 천의인도天意人道와 정의법리正義法理에 비추어 만국의 입증하에 합방 무효를 널리 선언하여 그의 죄악을 응징하며 우리의 권리를 회복하노라.

　오호, 일본의 천한 무인이여. 작은 징벌과 큰 타이름이 너의 복이니 섬은 섬으로 돌아가고 반도는 반도로 돌아가며 대륙은 대륙으로 돌아갈지어다. 각기 원상을 회복함은 아시아 대륙의 행복인 동시에 너희도 다행이니 완미하여 깨닫지 못한다면 모든 화근이 너희에게 있는 것이니, 옛것을 회복하여 절로 새로워지는 이익을 다시 깨우쳐 주노라. 한번 보아라. 백성의 마적이던 전제와 강권은 그 나머지 불꽃이 이미 다하였고 인류에 주어진 평등과 평화는 밝은 해가 하늘에 가득하듯 하며 공의公義의 심판과 자유의 보편은 실로 오랜 세월의 액厄을 한 번에 씻어 내고자 하는 천의天意가 실현됨이요, 약소국과 미약한 민족을 구제하는 대지의 복음이다. 크도다, 시대의 정의여.

이때를 만난 우리들이 무도한 강권속박强權束縛을 벗고 광명한 평화 독립을 회복함은, 천의天意를 떨치며 인심에 순응하고자 함이며 지구에 발 딛고 선 권리로 세계를 개조하여 대동건설大同建設에 찬동 협력하기 때문이다. 이에 이천만 대중의 충심을 대표하여 감히 황황일신皇皇一神께 밝혀 아뢰며 세계만방에 고하나니, 우리 독립은 하늘과 사람이 합응合應하는 순수한 동기에 따라 민족이 스스로 지키는 정당한 권리를 행사하는 것이며 결코 눈앞의 이해에 따른 우연한 충동이 아니며 은원恩怨에 얽매인 감정으로 비문명적인 보복 수단에 스스로 만족하는 것이 아니다. 실로 오랫동안 일관하는 국민의 지극한 정성이 격발하여 저들 이민족 무리로 하여금 스스로 깨달아 새로 워지게 하는 것이며 우리의 결실은 야비한 정궤政軌를 초월하여 진정한 도의를 실현하는 것이다. 아아, 우리 대중이여. 공의公義로 독립한 이는 공의로 진행할 것이다. 모든 방편으로 군국전제軍國專制를 없애고 민족 평등을 전 지구에 널리 시행할 것이니 이것이야말로 우리 독립의 첫 번째 뜻이다. 무력겸병武力兼倂을 근절하여 천하가 모두 평등하다는 공도公道로 진행할 것이니 이는 우리 독립의 본령이다. 몰래 맹약하고 사사로이 전쟁하는 것을 엄금하고 대동평화大同平和를 선전할 것이니 이는 우리 복국復國의 사명이다. 모든 동포에게 동등한 권리와 부富를 베풀어 남녀와 빈부를 고르게 하며 뛰어나거나 모자라거나 나이가 많거나 적거나 모두 평등히 대하여 지혜로운 이와 어리석은 이, 노인과 어린이를 균등케 하여 사해인류四海人類를 제도할 것이니 이는 우리 독립의 기치다. 나아가 국제불의國際不義를 감독하고 우주의 진선미眞善美를 체현할 것이니 이는 우리 한민족이 때에 맞추어 부활하는 궁극의 의의다. 아아, 한마음 한뜻의 이천만 형제자매여. 우리 단군태황조檀君大皇祖께서 상제上帝와 함께하시어 우리의 기운을 명하시며 세계와 시대가 우리의 복리를 돕는구나. 정의는 무적의 검이니 이로써 하늘을 거스르는 마魔와 나라를 도적질한 적을 한 손에 처결하라. 이로써 사천 년 조종祖宗의 영휘榮輝를 현양할 것이며 이로써 이천만 백성의 운명을 개척할 것이다. 일어나라, 독립군아, 갖추어라, 독립군아. 세상에서 한 번 죽음은 사람이 피할 수 없는 바이니 개돼지와 같은 일생을 누가 구차히 도모하겠는가. 살신성인殺身成仁하면 이천만 동포가 한 몸으로 부활할 것이니 어찌 일신一身을 아까워하랴. 한 집안을 기울여 나라를 회복한다면 삼천리 옥토가 모두 자기 집의 소유이니 일가一家를 희생하라. 아아, 한마음 한뜻의 이천만 형제자매여. 국민의 본령을 자각한 독립임을 기억할 것이며 동양 평화를 보장하고 인류 평등을 실현하기 위한 자립임을 명심할 것이며 하늘의 밝은 뜻을 받들어 모든 사망邪網에서 해탈解脫하는 건국임을 확신하여 육탄혈전肉彈血戰으로 독립을 완성할지어다.

단군 기원 4252년 2월   일

가나다순

김교헌金敎獻 김규식金奎植 김동삼金東三 김약연金躍淵 김좌진金佐鎭 김학만金學萬 정재관鄭在寬
조용은趙鏞殷 여준呂準 유동열柳東說 이광李光 이대위李大爲 이동녕李東寧 이동휘李東輝 이범윤李範允
이봉우李奉雨 이상용李相龍 이세영李世永 이승만李承晚 이시영李始榮 이종탁李鍾倬 이탁李沰 문창범文昌範
박성태朴性泰 박용만朴容萬 박은식朴殷植 박찬익朴贊翊 손일민孫一民 신정申檉 신채호申采浩 안정근安定根
안창호安昌浩 임방任 윤세복尹世復 조욱曹煜 최병학崔炳學 한흥韓興 허혁許爀 황상규黃尙奎

2·8 독립선언서

(1919년)

전조선청년독립단소朝鮮靑年獨立團은 우리 이천만 조선 민족을 대표하여 정의와 자유의 승리를 얻은 세계 만국 앞에 독립을 기성期成하기를 선언하노라.

사천삼백 년의 장구한 역사를 지닌 우리 민족은 실로 세계 최고最古의 문명 민족의 하나다. 비록 때로 중국의 책봉을 받은 일도 있었으나 이는 조선 황실과 중국 황실의 형식적 외교 관계에 지나지 않으며, 조선은 항상 우리 민족의 조선이요 한 번도 통일한 국가를 잃고 이민족의 실질적 지배를 받은 일이 없다.

(중략)

한국 황제를 쫓아내고 황태자를 옹립하여 일본의 주구들로 소위 합병내각合倂內閣을 조직하여 비밀과 무력으로 합병 조약을 체결하니 이에 우리 민족은 건국 이래 반만년에 자신을 지도하고 원조하겠다고 하는 우방의 군국적 야심에 희생되었다.

실로 일본이 한국에 대해 행한 행위는 사기와 폭력에서 나온 것이니 실로 이처럼 위대한 사기의 성공은 세계 흥망사에 특필할 만한 인류의 대치욕이라 하겠다.

보호조약을 체결할 때 황제와 적신賊臣이 아닌 여러 대신은 모두 반항 수단을 다하였고 발표 후에도 전 국민은 맨손으로 가능한 온갖 반항을 다하였으며, 사법과 경찰권을 빼앗길 때와 군대해산을 당할 때도 그러하였고 합병의 때를 당하여서는 수중에 한 마디 쇠 조각조차 없음에도 불구하고 가능한 온갖 반항운동을 다하다가 정밀하고 날카로운 일본의 무기에 희생된 이가 부지기수며, 이래 십 년간 독립을 회복하려는 운동으로 희생된 이가 수십만이며 참혹한 헌병 정치하에서 손발과 입이 묶이고 막혀서도 독립운동이 끊어진 적이 없으니, 이를 보아도 한일 합병이 조선 민족의 의사가 아님을 알 수 있다. 이처럼 우리 민족은 일본 군국주의적 야심의 사기 폭력 아래 우리 민족의 의사에 반하는 운명을 당하였으니 정의로 세계를 개조하는 이때에 당연히 바로잡을 것을 세계에 요구할 권리가 있으며, 또 세계 개조의 주인 되는 미국과 영국은 보호와 합병을 앞장서 승인한 이유로 이때에 과거의 잘못을 속죄할 의무가 있다 할 것이다.

또 합병 이래 일본의 조선 통치 정책을 보건대, 합병 당시의 선언과는 반대로 우리 민족의 행복과 이익을 무시하고 정복자가 피정복자를 대하는 고대의 비인도적 정책을 응용하여 우리 민족에게는 참정권, 집회·결사의 자유, 언론·출판의 자유를 허용하지 않으며 심지어 종교의 자유, 기업의 자유까지도 적지 않게 구속하며 행정·사법·경찰 등 모든 기관이 조선 민족의 인권을 침해하였다. 공사公私에 우리 민족과 일본인 사이에 우열의 차별을 만들어 조선인에게는 일본인에 비하여 열등한 교육만을 실시하여 우리 민족으로 하여금 영원히 일본인의 부림을 받는 자가 되게 하며, 역사를 개조하여 우리 민족의 신성한 역사적, 민족적 전통과 위엄을 파괴하고 모욕하였다. 또 소수의 관리를 제외하고는 정부의 모든 기관과 교통, 통신, 병비兵備 등 모든 기관에 전부 또는 대부분 일본인만 사용하여 우리 민족으로 하여금 영원히 국가 생활의 지능과 경험을 얻을 기회를 갖지 못하게 하니, 우리 민족은 결코 이와 같은 무단·전제·부정·불평등한 정치하에서 생존과 발전을 누릴 수가 없다. 그뿐만 아니라 원래 인구가 과잉인 조선에 무제한으로 이민을 장려하고 보조하여 토착 우리 민족은 해외로 유리될 수밖에 없으며, 국가의 모든 기관은 물론이요 사설私設의 모든 기관에까지 일본인을 사용하여 한편으로는 조선인이 직업을 잃게 되고 한편으로는 조선인의 부가 일본으로 유출되며, 일본인에게는 특수한 편익을 제공하여 조선인으로 하여금 산업적 발흥의 기회를 잃게 만들었다. 이처럼 어떤 방면으로 보아도 우리 민족과 일본인의 이해가 서로 배치되는데 배치하는 경우 그 손해는 우리 민족이 받게 되니, 우리 민족은 생존의 권리를 위하여 독립을 주장한다.

마지막으로 동양 평화의 견지에서 보건대 그 위협자이던 러시아는 이미 군국주의적 야심을 포기하고 정의와 자유와 박애를 기초로 하는 신국가新國家를 건설하려는 중이며 중화민국도 또한 그러하다. 아울러 이번에 국제연맹國際聯盟이 실현되면 다시 군국주의적 침략을 감행할 강국强國이 없을 것이다. 그러할진대 한국을 합병한 최대 이유가 이미 소멸되었을뿐더러 이제부터 조선 민족이 무수한 혁명난革命亂을 일으킨다 하면 일본에 합병된 한국은 오히려 동양 평화를 교란할 재앙의 근원이 될 것이다. 우리 민족은 정당한 방법으로 우리 민족의 자유를 추구할 것이나, 만일 이로써 성공하지 못하면 우리 민족은 생존의 권리를 위하여 온갖 자유행동을 취하여 최후의 일인까지 자유를 위하는 열혈熱血을 흘뿌릴 것이니 어찌 동양 평화의 재앙의 근원이 아니겠는가. 우리 민족에게는 하나의 병사도 없다. 우리 민족은 병력으로 일본에 저항할 실력이 없다. 그렇지만 일본이 만일 우리 민족의 정당한 요구에 응하지 않는다면 우리 민족은 일본에 대해 영원한 혈전血戰을 선언하리라.

우리 민족은 오래도록 고등한 문화를 가지었고 반만년간 국가 생활의 경험을 가진 민족이다. 비록 다년간의 전제정치의 해독과 우연히 겹친 불행으로 우리 민족이 오늘에 이르고 말았지만, 선진국의 모범을 따라 신국가를 건설한 후에는 건국 이래 문화와 정의와 평화를 애호하는 우리 민족은 반드시 세계의 평화와 인류의 문화에 공헌할 것이다.

이에 우리 민족은 일본이나 혹은 세계 각국이 우리 민족에게 민족자결의 기회를 줄 것을 요구하며, 만일 그러하지 않는다면 우리 민족은 생존을 위하여 자유행동을 취하여 우리 민족의 독립을 기성期成하기를 선언하노라.

조선청년독립단

대표자 최팔용崔八鏞 이종근李琮根 김도연金度演 송계백宋繼白 이광수李光洙 최근우崔謹愚
김철수金喆壽 김상덕金尙德 백관수白寬洙 서춘徐椿 윤창석尹昌錫

결의문

1. 본단本團은 일한 합병이 우리 민족의 자유의사에서 나온 것이 아니며 우리 민족의 생존과 발전을 위협하고 또 동양의 평화를 교란하는 원인이 된다는 이유로 독립을 주장함
2. 본단은 일본 의회 및 정부에 조선민족대회朝鮮民族大會를 소집하여 해당 회의 결의로 우리 민족의 운명을 결정할 기회를 줄 것을 요구함
3. 본단은 만국강화회의萬國講和會議의 민족자결주의民族自決主義를 우리 민족에게도 적용할 것을 청구함. 이 목적을 달성하기 위하여 일본 주재 각국 대사, 공사에게 본단의 주의主義를 각각 그 정부에 전달하기를 의뢰함. 동시에 위원 2인을 만국강화회의에 파견함. 이 위원은 이미 파견한 우리 민족의 위원과 일치 행동을 취함
4. 전항前項의 요구가 실패할 때는 우리 민족은 일본에 대하여 영원한 혈전血戰을 선언함. 이로써 생기는 참화는 그 책임이 우리 민족에게 있지 아니함

대한민국 임시헌장

(1919년)

신인神人의 일치로, 중외中外가 협응하여, 서울에서 일어난 지 삼십여 일 만에 평화적 독립을 삼백여 주에 광복하고, 국민의 신임으로 완전히 다시 조직한 임시정부는 항구적이고 완전한 자주독립의 복리로 우리 자손 만민에게 대대로 계승케 하기 위하여 임시의정원의 결의로 임시헌장을 선포한다.

제1조 대한민국은 민주공화제로 한다.

제2조 대한민국은 임시정부가 임시의정원의 결의에 따라 통치한다.

제3조 대한민국의 인민은 남녀의 귀천貴賤 및 빈부의 계급階級이 없고, 일체 평등하다.

제4조 대한민국의 인민은 종교, 언론, 저작, 출판, 결사, 집회, 신서信書, 주소, 이전, 신체 및 소유의 자유를 향유한다.

제5조 대한민국의 인민으로 공민公民 자격이 있는 사람은 선거권 및 피선거권을 가진다.

제6조 대한민국의 인민은 교육, 납세 및 병역의 의무를 가진다.

제7조 대한민국은 신神의 의사에 의하여 건국한 정신을 세계에 발휘하며 나아가 인류의 문화 및 평화에 공헌하기 위하여 국제연맹에 가입한다.

제8조 대한민국은 구황실을 우대한다.

제9조 생명형, 신체형 및 공창제를 모두 폐지한다.

제10조 임시정부는 국토 회복 후 만 일 년 내에 국회를 소집한다.

대한민국 원년(1919) 4월

임시의정원 의장 이동녕
임시정부 국무총리 이승만
내무총장 안창호
외무총장 김규식
법무총장 이시영
재무총장 최재형

군무총장 이동휘

교통총장 문창범

선서문

존경하고 열애熱愛하는 우리 이천만 동포 국민이어.

민국 원년 삼월 일일 우리 대한 민족이 독립을 선언한 뒤부터 남녀노소와 모든 계급과 모든 종파를 물론하고 일치단결하여 동양의 독일인 일본의 비인도적 폭행하에 극히 공명하게, 극히 인욕忍辱하게 우리 민족의 독립과 자유를 갈망하는 실사實思와 정의와 인도를 애호愛好하는 국민성을 표현한지라 지금 세계의 동정同情이 흡연翕然하게 우리 국민에 집중하였도다. 이때를 당하여 본 정부가 전 국민의 위임을 받아 조직되었으니 본 정부가 전 국민과 더불어 전심專心으로 서로 힘을 모아 임시헌법과 국제도덕國際道德의 명한 바를 준수하여 국토 광복과 방기확국邦基確國의 대사명大使命을 이루기를 이에 선서하노라.

동포 국민이어, 분기할지어다. 우리가 흘리는 한 방울의 피가 자손만대의 자유와 복영福榮의 값이요, 신국神國 건설의 귀한 기초이니라. 우리의 인도가 마침내 일본의 야만을 교화敎化할지요, 우리의 정의가 마침내 일본의 폭력을 이길 것이니 동포여 일어나 최후의 일인까지 싸울지어다.

정강

1. 민족 평등, 국가 평등 및 인류 평등의 대의大義를 선전함
2. 외국인의 생명, 재산을 보호함
3. 일체 정치범을 특별히 석방함
4. 외국에 대한 권리, 의무는 민국 정부와 체결하는 조약에 따름
5. 절대 독립을 맹세코 도모함
6. 임시정부의 법령을 위반하는 자는 적으로 인정함

대한민국 원년 4월

대한민국임시정부

여운형 도쿄 제국호텔 기자회견 연설문
(1919년)

내가 이번에 온 목적은 일본 당국자와 그 외 식자識者들을 만나 조선 독립운동의 진의를 말하고 일본 당국의 의견을 구하려고 하는 것이었다.

다행히 지금 각원閣員들과 식자 제군들과 간격 없이 의견을 교환하게 된 것은 유쾌하고 감사한 일이다. 나에게 는 독립운동이 평생의 사업이다. 구주 전란이 일어났을때 나와 우리 조선이 독립국가로 대전에 참가치 못하고 동양 한 모퉁이에 쭈그리고 앉아 우두커니 방관만 하고 있는 것이 심히 유감스러웠다. 그러나 우리 한민족의 장 래가 신세계 역사의 한 페이지를 차지할 시기가 반드시 오리라고 자신했다. 그러므로 나는 표연飄然히 고국을 떠 나 상해에서 나그네로 있었다.

작년 1918년 11월에 대전이 끝나고 상해의 각 사원에는 평화의 종소리가 울리었다. 우리는 신의 사명이 머리 위에 내린 듯하였다. 그리하여 활동을 시작하였다. 먼저 동지 김규식을 파리에 보내고 3월 1일에는 내지內地에서 독립운동이 돌발하여 독립 만세를 절규하였다. 곧 대한민족이 전부 각성하였다. 주린 자는 먹을 것을 찾고, 목마 른 자는 마실 것을 찾는 것은 자기의 생존을 위한 인간 자연의 원리다.

이것을 막을 자가 있겠는가! 일본인에게 생존권이 있다면 우리 한민족에게는 홀로 생존권이 없을 것인가! 일 본인에게 생존권이 있다는 것은 한인이 긍정하는 바요, 한인이 민족적 자각으로 자유와 평등을 요구하는 것은 신이 허락하는 바다.

일본 정부는 이것을 방해할 무슨 권리가 있는가. 이제 세계는 약소민족 해방, 부인 해방, 노동자 해방 등 세계 개조를 부르짖고 있다. 이것은 일본을 포함한 세계적 운동이다. 조선의 독립운동은 세계의 대세요, 신의 뜻이요, 한민족의 각성이다. 새벽에 어느 집에서 닭이 울면 이웃집 닭이 따라 우는 것은, 다른 닭이 운다고 우는 것이 아 니고 때가 와서 우는 것이다. 때가 와서 생존권이 양심적으로 발작된 것이 조선의 독립운동이다. 결코 민족자결 주의에 도취한 것이 아니다. 신은 오죽 평화와 행복을 우리에게 주려 한다. 과거의 약탈, 살육을 중지하고 세계 를 개조하는 것이 신의 뜻이다. 세계를 개척하고 개조로 달려나가 평화적 천지를 만드는 것이 우리 사명이다. 우 리의 선조는 칼과 총으로 서로 죽였으나 이후로는 서로 붙들고 돕지 않으면 안 된다. 신은 세계의 장벽을 허락하 지 않는다. 이때에 일본이 자유를 부르짖는 한인에게 순전히 자기 이익만을 가지고 한국 합병의 필요를 말했다.

첫째, '일본은 자기 방위를 위하여 조선을 합병하지 않을 수 없다'고 한다. 그러나 러시아 차제此際에 무너진 이상 그 이유가 성립되지 않는다. 조선이 독립한 후라야 동양이 참으로 단결할 수 있다. 실상 일본의 의도는 이익을 위했던 것이었을 뿐이다.

둘째, '조선은 독립을 유지할 실력이 없다'고 한다. 우리는 과연 병력이 없다. 그러나 이제 한민족은 깨었다. 열화 같은 애국심이 이제 폭발하였다. 붉은 피와 생명으로써 조국의 독립에 이바지하려는 것을 무시할 수 있겠는가. 일본이 조선의 독립을 승인하면 조선에는 적이 없다. 서쪽 이웃인 중화민국은 확실히 조선과 친선할 것이다.

일본이 솔선하여 조선의 독립을 승인하는 날이면 조선은 마땅히 일본과 친선할 것이다. 우리의 건설 국가는 인민이 주인이 되어 인민을 다스리는 국가일 것이다. 이 민주공화국은 대한 민족의 절대적 요구요, 세계 대세의 요구다.

평화란 것은 형식적 단결로는 성취하지 못한다. 이제 일본이 아무리 첩첩이구로 일중 친선을 말하지만, 무슨 유익이 있는가. 오직 정신적 단결이 필요한 것이다. 우리 동양인이 이런 경우에 서로 반목하는 것이 복된 일인가? 조선 독립 문제가 해결되면 중국 문제도 용이하게 해결될 것이다. 일찍이 조선 독립을 위하여 일청전쟁과 일로전쟁을 했다고 하는 일본이 그때의 성명을 무시하고 스스로 약속을 어겼으니, '한, 화' 두 민족이 일본에 대해 원한을 품지 않을 수 있겠는가. 조선 독립은 일본과 분리하는 듯하나 원한을 버리고 동일한 보조를 취하여 함께 나가고자 하는 것이니 진정한 합일合一이요, 동양 평화를 확보함이며 세계 평화를 유지하는 제일의 기초다. 우리는 꼭 전쟁을 하여야 평화를 얻을 수 있는가? 싸우지 않고는 인류가 누릴 자유와 평화를 못 얻을 것인가?

일본 인사들은 깊이 생각하라.

한국독립운동사편찬위원회,《한국독립운동의 역사》(전60권), 2007.
친일인명사전편찬위원회,《친일인명사전》(전3권), 민족문제연구소, 2009.

이이화,《이이화의 한국사이야기》(19~22권), 한길사, 2003.
조정래,《아리랑》(1~10권), 해냄, 2014.
강준만,《한국 근대사 산책》(6~10권), 인물과사상사, 2008.
주진오, 박찬승 외,《고등학교 한국사》, 천재교육, 2014.
도면회, 이건홍 외,《고등학교 한국사》, 비상교육, 2014.
한철호, 김시승 외,《고등학교 한국사》, 미래앤, 2014.
주진오, 신영범 외,《고등학교 한국근현대사》, 중앙교육진흥연구소, 2011.
전국역사교사모임,《살아있는 한국사 교과서 2》, 휴머니스트, 2012.
김육훈,《살아있는 한국 근현대사 교과서》, 휴머니스트, 2007.
전국역사교사모임,《살아있는 세계사 교과서 2》, 휴머니스트, 2005.
류시현 외,《미래를 여는 한국의 역사 5》, 웅진지식하우스, 2011.
박은봉,《사진과 그림으로 보는 한국사 편지 5》, 웅진주니어, 2003.
박찬승,《한국 근현대사를 읽는다》, 경인문화사, 2014.
교과서포럼,《대안교과서 한국근·현대사》, 기파랑, 2008.
역사교육연대회의,《뉴라이트 위험한 교과서 바로 읽기》, 서해문집, 2009.
이규헌,《사진으로 보는 독립운동》(상, 하), 서문당, 2000.
신기수 엮음,《한일병합사 1875-1945》, 눈빛, 2009.
염복규 외,《아! 그렇구나 우리 역사 13》, 여유당, 2011.
한국근대현대사학회,《한국독립운동사강의》, 한울아카데미, 2007.
박찬승,《한국독립운동사》, 역사비평사, 2014.
최익현 외,《원문 사료로 읽는 한국 근대사》, (이주명 편역), 필맥, 2014.
박은식,《한국통사》, (김태웅 역해), 아카넷, 2012.
박은식,《한국독립운동지혈사》, (김도형 역), 소명출판, 2009.
강만길,《한국사회주의운동 인명사전》, 창비, 1996.
임경석,《한국 사회주의의 기원》, 역사비평사, 2003.
장영숙,《고종 44년의 비원》, 너머북스, 2010.
오영섭,《고종황제와 한말의병》, 선인, 2007.
임종국,《실록 친일파》, 돌베개, 1991.
정운현,《친일파는 살아있다》, 책보세, 2011.
한홍구,《대한민국사 2》, 한겨레신문사, 2003.
고석규 외,《역사 속의 역사읽기 3》, 풀빛, 1997.
이호룡,《한국의 아나키즘》, 지식산업사, 2015.

김삼웅, 《서대문형무소 근현대사》, 나남, 2000.

정혜경, 《징용 공출 강제연행 강제동원》, 선인, 2013.

김동진, 《1923 경성을 뒤흔든 사람들》, 서해문집, 2016.

님 웨일즈 외, 《아리랑》, (송영인 역), 동녘, 2005.

조한성, 《한국의 레지스탕스》, 생각정원, 2013.

이재갑, 《한국사 100년의 기억을 찾아 일본을 걷다》, 살림출판사, 2011.

김육훈, 《민주공화국 대한민국의 탄생》, 휴머니스트, 2012.

한일공통역사교재 제작팀, 《한국과 일본 그 사이의 역사》, 휴머니스트, 2012.

유용태 외, 《함께 읽는 동아시아 근현대사 1》, 창비, 2010.

염인호, 《조선의용군의 독립운동》, 나남, 2001.

김성호, 《1930년대 연변 민생단사건 연구》, 백산자료원, 1999.

박청산, 《연변항일유적》, 연변인민출판사, 2013.

전광하 박용일 편저, 《세월속의 용정》, 연변인민출판사, 2002.

황민호, 《일제하 만주지역 한인사회의 동향과 민족운동》, 신서원, 2005.

김효순, 《간도특설대》, 서해문집, 2014.

한일관계사연구논집 편찬위원회, 《일제 식민지지배의 구조와 성격》, 경인문화사, 2005.

한일관계사연구논집 편찬위원회, 《일제 식민지배와 강제동원》, 경인문화사, 2010.

신용하, 《일제 식민지정책과 식민지근대화론 비판》, 문학과지성사, 2006.

전상숙, 《조선총독정치 연구》, 지식산업사, 2012.

나가타 아키후미, 《일본의 조선통치와 국제관계》, (박환무 역), 일조각, 2008.

수요역사연구회, 《식민지 동화정책과 협력 그리고 인식》, 두리미디어, 2007.

임종국, 《친일문학론》, 민족문제연구소, 2013.

엄만수, 《항일문학의 재조명》, 홍익재, 2001.

연변대학교 조선문학연구소, 《항일가요 및 기타》, 보고사, 2007.

김희영, 《이야기 일본사》, 청아출판사, 2003.

앤드루 고든, 《현대일본의 역사2》, (문현숙 외 역), 이산, 2015.

나리타 류이치, 《다이쇼 데모크라시》, (이규수 역), 어문학사, 2012.

가토 요코, 《만주사변에서 중일전쟁으로》, (김영숙 역), 어문학사, 2012.

요시다 유타카, 《아시아 태평양전쟁》, (최혜주 역), 어문학사, 2012.

박경희, 《일본사》, 일빛, 1998.

야마다 아키라, 《일본, 군비확장의 역사》, (윤현명 역), 어문학사, 2014.

위톈런, 《대본영의 참모들》, (박윤식 역), 나남, 2014.

이규수, 《일본 제국의회 시정방침 연설집》, 선인, 2012.

W. G. Beasley, 《일본제국주의 1894-1945》, (정영진 역), 한국외국어대학교출판부, 2013.

야마무로 신이치, 《키메라 만주국의 초상》, (윤대석 역), 소명출판, 2009.

김창권, 《일본 관동군 731부대를 고발한다》, 나눔사, 2014.

이시와라 간지, 《세계최종전쟁론》, (선정우 역), 길찾기, 2015.

김희영, 《이야기 중국사 3》, 청아출판사, 1986.

조관희, 《조관희 교수의 중국현대사 강의》, 궁리출판, 2013.

김명호, 《중국인 이야기》(1~4권), 한길사, 2012.

헬무트 알트리히터, 《소련소사》, (최대회 역), 창비, 1997.

박노자, 《러시아 혁명사 강의》, 나무연필, 2017.

케빈 맥더모트 외, 《코민테른》, (황동하 역), 서해문집, 2009.

폴 콜리어 외, 《제2차 세계대전》, (강민수 역), 플래닛미디어, 2008.

김구, 《원본 백범일지》, 서문당, 2001.

김상구, 《김구 청문회》(전1~2권), 매직하우스, 2014.

한시준, 《김구》, 역사공간, 2015.

정병준, 《우남 이승만 연구》, 역사비평사, 2005.

김상구, 《다시 분노하라》, 책과나무, 2014.

김삼웅, 《몽양 여운형 평전》, 채륜, 2015.

김삼웅, 《약산 김원봉 평전》, 시대의창, 2008.

안재성, 《박헌영 평전》, 실천문학사, 2009.

이호룡, 《신채호 다시 읽기》, 돌베개, 2013.

김명섭, 《이회영》, 역사공간, 2008.

이준식, 《김규식》, 역사공간, 2014.

김도훈, 《박용만》, 역사공간, 2010.

권기훈, 《김창숙》, 역사공간, 2010.

김영범, 《윤세주》, 역사공간, 2013.

김인식, 《중도의 길을 걸은 신민족주의자》, 역사공간, 2006.

김병기, 《김동삼》, 역사공간, 2012.

신주백, 《이시영》, 역사공간, 2014.

김경일, 《이재유 나의 시대 나의 혁명》, 푸른역사, 2007.

조문기, 《조선혁명군 총사령관 양세봉》, (안병호 역), 나무와숲, 2007.

유순호, 《김일성 평전》(상), 지원인쇄출판, 2017.

로버트 스칼라피노, 이정식, 《한국 공산주의운동사》, (한홍구 역), 돌베개, 2015.

최백순, 《조선공산당 평전》, 서해문집, 2017.

신용하, 《신간회의 민족운동》, 지식산업사, 2017.

박찬승 외, 《조선총독부30년사》(중, 하), 민속원, 2018.

최웅, 김봉중, 《미국의 역사》, 소나무, 1997.

김호준, 《유라시아 고려인, 디아스포라의 아픈 역사 150년》, 주류성, 2013.

조한성, 《해방 후 3년》, 생각정원, 2015.

이영훈, 《반일 종족주의》 미래사, 2019.

김종성, 《반일 종족주의, 무엇이 문제인가》, 위즈덤하우스, 2020.

호사카 유지, 《신친일파》, 봄이아트북스, 2020.

일본역사학연구회, 《태평양전쟁사 1》, (아르고인문사회연구소 외 편역), 채륜, 2017.

제프리 주크스 외, 《제2차세계대전》, (강민수 역), 플래닛미디어, 2008.

이덕일, 《잊혀진 근대, 다시 읽는 해방전사》, 역사의아침, 2013.

와다 하루끼, 《와다 하루끼의 북한 현대사》, (남기정 역), 창비, 2014.

박시백의 일제강점사

35년 2

박시백 글·그림

초판　　1쇄 발행일　2018년 1월 2일
개정판 1쇄 발행일　2024년 10월 7일

발행인 | 한상준
편집 | 김민정·손지원·최정휴·김영범
디자인 | 김경희·양시호
마케팅 | 이상민·주영상
관리 | 양은진

발행처 | 비아북(ViaBook Publisher)
출판등록 | 제313-2007-218호(2007년 11월 2일)
주소 | 서울시 마포구 월드컵북로 6길 97(연남동 567-40) 2층
전화 | 02-334-6123　전자우편 | crm@viabook.kr　홈페이지 | viabook.kr

《35년》편집위원
차경호(대구시지고등학교 역사 교사)
김정현(김해고등학교 역사 교사)
김종민(천안쌍용고등학교 역사 교사)
남동현(대전가오고등학교 역사 교사)
문인식(충남기계공업고등학교 역사 교사)
박건형(대전도시과학고등학교 역사 교사)
박래훈(고흥포두중학교 교장)
오진욱(청주용암중학교 역사 교사)
정윤택(서라벌고등학교 역사 교사)

ⓒ 박시백, 2024
ISBN 979-11-92904-93-1　04910